O LIVRO TRADICIONAL DA Cruz de Caravaca

ORIGEM DO SÍMBOLO, MILAGRES E ORAÇÕES

10ª edição
4ª reimpressão

PALLAS

Rio de Janeiro
2017

Produção editorial
Pallas Editora

Revisão
**Maria do Rosário Marinho
Heloísa Brown**

Capa
Renato Martins

Todos os direitos reservados à Pallas Editora e Distribuidora Ltda. É vetada a reprodução por qualquer meio mecânico, eletrônico, xerográfico etc., sem a permissão por escrito da editora, de parte ou totalidade do material escrito.

CIP-BRASIL. CATALOGAÇÃO-NA-FONTE.
SINDICATO NACIONAL DOS EDITORES DE LIVROS, RJ.

L762
10ª ed.

Livro tradicional da cruz de caravaca – 10ª ed. revista e atualizada – Rio de Janeiro: Pallas, 2007.
112p.;
18 cm

ISBN 978-85-347-0304-8

1. Livro de oração. 2. Orações.

96-1493

CDD 242
CDU 243

Pallas Editora e Distribuidora Ltda.
Rua Frederico de Albuquerque, 56 – Higienópolis
CEP 21050-840 – Rio de Janeiro – RJ
Tel./fax: (021) 2270-0186
www.pallaseditora.com.br
pallas@pallaseditora.com.br

ÍNDICE

Primeira Parte: A Cruz de Caravaca 5
   1. O Que é a Cruz de Caravaca 5
   2. Um Pouco de História.............................. 9
   3. Festas em Honra da Santíssima e Vera Cruz
      de Caravaca.. 15
   4. Orações à Santa Cruz 19

Segunda Parte: Orações Diversas 35
   1. Orações Quotidianas 37
   2. Orações às Pessoas da Santíssima Trindade
      e da Sagrada Família 43
   3. Orações aos Anjos e aos Santos.................. 65
   4. Outras Orações e Benzeduras..................... 97

PRIMEIRA PARTE:
A Cruz de Caravaca

1. O QUE É A CRUZ DE CARAVACA

A Santíssima e Vera Cruz de Caravaca é uma das mais importantes relíquias cristãs. Consiste em um *Lignum Crucis*, ou seja, um fragmento da madeira da cruz em que Cristo morreu. Seu nome oficial nos documentos da Igreja é "Vera Cruz", para diferenciá-la das muitas falsificações que já foram forjadas. Esse fragmento do Santo Lenho está desde o século XIII na cidade de Caravaca (na província de Murcia, no sudeste da Espanha).

O Santuário que guarda a relíquia, em sua forma atual, teve sua construção iniciada em 1617, por ordem do rei Felipe III, dentro dos muros do antigo castelo-fortaleza da cidade, construído no tempo da dominação árabe (século XII); o castelo ficou abandonado quase totalmente após a expulsão dos mouros, com exceção da Real Capela da Vera Cruz, mas foi recuperado para tornar-se o grande Santuário da Vera Cruz. A Igreja foi inaugurada em 1703, mas a obra terminou somente em 1722. O Santuário é um belo exemplo de

Figura 1: O Relicário da Santa Cruz de Caravaca

arquitetura barroca; conta com uma ampla nave para as cerimônias públicas, um museu sacro onde podem ser vistos os paramentos usados nas festas em homenagem à Cruz, e a Capela da Aparição onde a relíquia é guardada.

A relíquia é conservada dentro de um relicário que mudou de aspecto várias vezes ao longo dos séculos. O primeiro de que se tem notícia exata data do século XIII. Nessa época, o fragmento do Santo Lenho foi revestido com uma placa de prata dourada; assim protegido, era guardado em uma caixa de prata, a qual era posta dentro de um cofre de marfim, disposto dentro de um tabernáculo. Em 1660, o Conselho da cidade de Caravaca mandou fazer um relicário de ouro; em 1711, o duque de Montalto doou ao santuário uma teca (urna) de ouro, adornada com pedras preciosas, e com várias aberturas que permitiam tocar diretamente o Santo Lenho. Em 1777, o duque de Alba mandou fazer um relicário de ouro e pedrarias na forma que é conhecida hoje como a "Cruz de Caravaca". Esse relicário é conservado dentro de uma arqueta de ouro, doada no século XIV pelo grão-mestre da Ordem religiosa que custodiava a relíquia na época.

O relicário da Cruz caracteriza-se por ter dois braços horizontais, um com 7 e outro com 10 cm, e um braço vertical com 17 cm de extensão. Os braços são totalmente contornados por um fino adorno de ouro, incrustado com topázios e rubis, que distingue a Cruz de Caravaca de outras cruzes com o mesmo formato. A face frontal dos braços é feita com cristal de rocha, para que o *Lignum Cruas* possa ser visto em seu interior. No topo da Cruz é visto o dístico INRI (do latim *Iesus*

Nazarenus Rex Iudeorum, ou seja, Jesus de Nazaré Rei dos Judeus). No ponto de cruzamento do braço vertical com o braço horizontal superior há uma Coroa de Espinhos adornada com um diamante; no ponto de cruzamento do braço inferior está o dístico IHS (do grego Iesous Chirstos, monograma do nome de Jesus desde o século III) entrelaçado com o monograma MV (do latim *Maria Virgo*, Virgem Maria), encimado pela cruz da Paixão. Na metade da extensão da parte inferior do braço vertical, há uma réplica do apoio para os pés, que serve de engaste para um diamante. Na extremidade inferior estão as letras gregas alfa e ômega entrelaçadas (denominação de Deus: o princípio e o fim). Quando está dentro da arqueta, o relicário apoia-se pelo braço horizontal inferior em dois anjos com as mãos elevadas, em gesto de sustentar e transportar a Cruz.

A relíquia propriamente dita não tem essa forma: o fragmento de madeira está engastado em um invólucro de prata dourada, que tem o feitio de uma cruz simples, com um só braço horizontal, sem adornos. Essa pequena Cruz fica disposta, dentro do relicário, com seu braço horizontal correspondendo ao braço superior da cruz maior; sua extremidade inferior atinge o monograma central do relicário.

Para perceber todo o significado dessa relíquia, é essencial que se compreenda aquilo que a Cruz de Caravaca "não é". Ela não é um ídolo, um objeto com valor de culto em si mesmo: seu valor reside na fé na morte salvadora de Cristo que ela nos relembra. Ela também não é uma superstição, pois não é considerada capaz de causar mal ou bem ao sabor da realização de práticas inventadas por indivíduos. Não é magia, pois não contém forças sobrenaturais a serem manipuladas através de fórmulas fantasiosas ou de rituais mágicos. Não é um amuleto, um fetiche ou um talismã que proteja ou que dê poderes especiais ao seu portador. Não é um símbolo esotérico; não representa um "Cristo Cósmico" diferente do Jesus de Nazaré, e a peregrinação à Cruz não é um caminho iniciático de uma sabedoria oculta estranha ao cristianismo. Por outro lado, não é apenas um símbolo cultural, com o valor exclusivamente histórico e folclórico que tanto agrada ao turismo superficial. O que importa na relíquia não é o formato externo da Cruz, que é apenas o recipiente; mas o seu conteúdo, o Santo Lenho, que encerra em si todo o significado da mensagem e da ação terrena de Cristo. Qualquer reprodução dessa Cruz terá somente o valor de trazer à lembrança a original Vera Cruz; e toda oração a ela dirigida deverá ter a intenção de venerar o *Lignum Crucis* como símbolo do sacrifício do Redentor.

É costume que os peregrinos de Caravaca recebam uma réplica da Cruz, feita em prata; cópias corretas dela podem ser encontradas em muitas lojas sérias de artigos religiosos. Em Caravaca, dar de presente uma réplica da Vera Cruz simboliza afeto e o desejo de paz e amor entre as pessoas.

2. UM POUCO DE HISTÓRIA

Segundo a tradição, o fragmento original que constituiu essa relíquia, preservado de alguma forma na Cidade Santa, passou a pertencer, no século XI, ao Patriarca

Roberto, o primeiro Bispo de Jerusalém após a conquista da cidade pela Primeira Cruzada, em 1099. Provavelmente, essa relíquia tinha o formato de uma cruz, feita com fragmentos da Santa Cruz engastados em uma base de prata. Supõe-se que, cerca de cento e trinta anos depois, durante a realização da Sexta Cruzada, um sucessor do Patriarca Roberto tenha levado a relíquia para a cidade de Caravaca; entretanto, a tradição local atribui à presença da relíquia uma origem miraculosa, cuja narrativa mais antiga foi feita pelo historiador murciano Robles Corbalán, em 1619.

Por mais de dois séculos, a região de Murcia constituiu a fronteira em guerra entre o reino cristão de Castela-Leão e o reino muçulmano de Granada. Entre 1230 e 1231, o Saíd Abu-Zeit de Valência conquistou Caravaca; entre os prisioneiros feitos na ocasião havia um missionário, o padre Ginés Pérez Chirinos. Quando, algum tempo depois, o Said indagou a respeito das profissões dos prisioneiros, o padre respondeu que seu ofício era dizer missas. Curioso, o Said quis assistir ao culto religioso e mandou que tudo fosse disposto no salão do castelo para isso. Logo no início, entretanto, o padre disse que não poderia celebrar a missa, por faltar uma cruz no altar. Nesse momento, dois anjos entraram pela janela do salão, levando um *Lignum Crucis* que depositaram no altar, para que a missa pudesse continuar. O fato deu-se no dia 3 de maio de 1231 (ou 1232, segundo algumas fontes); desde essa data, a relíquia permaneceu no Castelo de Caravaca. Mais tarde foi verificado que ela era a mesma Cruz que pertencera ao Patriarca Roberto de Jerusalém.

A presença da Cruz na região deu grande impulso à conquista dos territórios muçulmanos pelos reinos cristãos. Imediatamente correu a notícia de que, diante da

Aparição, o Said de Valência convertera-se ao cristianismo, juntamente com toda a sua corte, o que foi encarado como uma vitória dos exércitos cristãos. Alguns anos depois, a morte de importantes chefes mouros enfraqueceu o poderio dos reinos muçulmanos locais, que se viram forçados a estabelecer acordos com os reinos cristãos para fazerem frente às lutas com outros chefes mouros; isso facilitou a incorporação de Caravaca ao reino de Castela, efetivada por Fernando III em 1243. Logo em seguida, o rei entregou a cidade à Ordem dos Cavaleiros do Templo, que assumiu a custódia da relíquia. Em 1344, com o fim da Ordem do Templo, o rei Afonso XI entregou Caravaca aos Cavaleiros da Ordem de Santiago, que aí permaneceram até a extinção pela Igreja de todas as Ordens Militares, em 1868.

A continuação das lutas entre mouros e cristãos na Espanha, durante os séculos XIII e XIV, fez crescer a importância e a fama da Cruz, à qual foram atribuídos muitos milagres. De início protegendo a terra cristã contra os "infiéis", logo a relíquia passou a proteger os habitantes locais de todos os perigos, fossem eles causados por agentes humanos ou naturais.

Os Templários cedo estabeleceram na fortaleza da cidade, junto à Igreja de Santa Maria dos Anjos, onde ficava a relíquia, uma hospedaria para receber os excativos dos mouros que vinham à cidade agradecer à Santa Cruz sua libertação; assim se iniciou o costume da peregrinação à Cruz de Caravaca. Graças aos peregrinos, aos missionários e aos soldados em movimento, a fama da relíquia estendeu-se rapidamente por toda a Península Ibérica.

Com o estabelecimento definitivo da monarquia católica na região, diversas ordens religiosas vieram ins-

Figura 2: Aparição do Santo Lenho em Caravaca

talar-se no importante centro de devoção. São João da Cruz e Santa Teresa de Jesus, dois dos maiores místicos da Igreja, aí fundaram conventos Carmelitas, aos quais vieram fazer companhia Jesuítas, Clarissas, Franciscanos, Jerônimos e outros. Com o tempo, a devoção à Cruz de Caravaca tornou-se conhecida em toda a Europa e na América hispânica.

A Vera Cruz de Caravaca também contou com o reconhecimento oficial da Igreja. Desde o século XIV, diversas bulas e decretos Papais concederam indulgências aos peregrinos de Caravaca. Em 1 736, foi dado ao culto da Vera Cruz o *status de Latria* (do grego *latreia*, adoração), o que o equipara em importância ao culto do Santíssimo Sacramento. Em 1583, 1621, 1768 e 1893 foram concedidos Jubileus para as festas da Cruz de Caravaca: foi determinado que receberia Indulgência Plenária todo aquele que visitasse o Santuário no dia 3 de maio desses anos e aí rezasse pela paz.

No século XX foram concedidos dois Jubileus, que provocaram grande revitalização das peregrinações a Caravaca: o primeiro foi em 1981, ao se comemorarem os 750 anos da Aparição da Cruz; o segundo foi em 1996, a pedido da Real e Ilustre Confraria da Santíssima e Vera Cruz.

Desde o início do século XIX, a relíquia da Vera Cruz de Caravaca passou por muitas vicissitudes. A primeira foi a necessidade de sua transferência para a paróquia do Salvador, onde permaneceu escondida durante a invasão francesa (de 1809 a 1818), enquanto o Castelo de Caravaca voltava a ter uso militar.

O pior acontecimento, entretanto, foi o roubo da relíquia na quarta-feira de Cinzas do ano de 1934; apesar de todos os esforços, a Cruz não foi mais encontrada, tendo restado somente o tabernáculo vazio. Perdeu-se assim a razão de ser do centro religioso. Depois da guerra civil espanhola (1936-1939), com o estabelecimento da ditadura fascista de Franco, o castelo foi usado como cadeia para presos políticos até 1941, quando foi fechado e abandonado.

No entanto, a população e toda a cidade desejava ardentemente voltar a ter sua grande relíquia. O movimento chegou a assumir tais dimensões que, em 1941 ou 1942, o papa Pio XII doou à cidade dois pequenos fragmentos do *Lignum Crucis* que Santa Helena (mãe do Imperador Constantino) trouxera de Jerusalém para Roma na primeira metade do século IV; com eles foi refeita a relíquia da Vera Cruz de Caravaca, tendo sido feito um novo relicário que é uma cópia quase exata daquele doado pelo duque de Alba no século XVIII. Em meio a grandes comemorações populares que duraram vários anos, o Santuário foi restaurado, enquanto a relíquia permanecia na paróquia do Salvador, na mesma cidade. Finalmente, em 5 de maio de 1945, a Cruz retornou ao Castelo; desde então, o Santuário da Vera Cruz ficou sob a responsabilidade dos padres Claretianos. No Ano Jubilar de 1996, foi reinaugurada a Capela da Vera Cruz, recuperando-se assim a tradição secular que dá à Cruz de Caravaca sua Capela da Aparição, onde ela fica permanentemente guardada. Essa pequena capela, ao lado da nave principal do Santuário, é aberta somente em ocasiões especiais, como nos dias de festa, ou a pedido especial de pessoas que desejem contemplar a relíquia.

3. FESTAS EM HONRA DA SANTÍSSIMA E VERA CRUZ DE CARAVACA

São realizadas anualmente em Caravaca duas grandes festas em homenagem à Santíssima e Vera Cruz: o Quinário de Exaltação e a Festa da Aparição. Os grupos responsáveis por sua organização são dois: um é a Real e Ilustre Confraria da Santíssima e Vera Cruz de Caravaca, associação de cunho religioso criada na cidade em 1907 e organizadora da parte religiosa das festas, como as procissões e as orações coletivas de adoração à Santa Cruz; o outro grupo é a Soberana Ordem do Templo, que nada tem a ver com a antiga Ordem Militar dos Templários, mas é simplesmente uma associação de festeiros da cidade, organizadora da parte profana das festas, como os desfiles e os combates entre mouros e cristãos.

Quinário de Exaltação

O dia 14 de setembro é a data ria Exaltação da Santíssima e Vera Cruz para toda a Igreja Católica Romana e para outras Igrejas cristãs, como a Ortodoxa, a Armênia e a Anglicana. Essa festa data do século IV da Era Cristã, quando o Imperador Constantino, protetor e simpatizante do cristianismo, mudou a capital do império romano para Bizâncio. A mãe do imperador, Santa Helena, fez então uma peregrinação à Terra Santa, com o objetivo de localizar os lugares sagrados da religião. Tendo identificado os sítios considerados pela tradição local como sendo os da crucifixão e do sepulcro de Cristo, Santa Helena mandou construir aí a Igreja do Santo

Sepulcro. Como a consagração da igreja foi feita no dia 14 de setembro de 335, este dia ficou sendo a data anual de comemoração da Exaltação da Santa Cruz como símbolo da vitória de Cristo sobre a morte.

Em Caravaca, são realizadas festividades desde o dia 10 até o dia 14, todas elas no Castelo-Santuário. A cada dia, são celebradas duas missas solenes: uma às 8h30 min, oficiada pelo Capelão do Santuário, e outra às 20 horas, oficiada por um sacerdote convidado para a ocasião. Em todas as missas, a homilia aborda temas relacionados com a Cruz.

No dia 14 ocorrem as maiores solenidades, a começar por uma alvorada festiva executada com repiques de sinos. Além da missa das 8h30 min, celebra-se uma grande missa solene às 12 horas, especialmente dedicada aos enfermos e inválidos que vão ao Santuário. Após o final dessa missa, a relíquia permanece exposta em sua Capela, acompanhada por muitos fiéis que realizam os tradicionais "turnos de adoração". Às 19 horas é realizada a última missa das comemorações, a mais solene, na qual são entregues Cruzes (réplicas do relicário) a novos membros da Confraria da Santíssima e Vera Cruz de Caravaca.

Depois da missa, a Relíquia é levada em procissão solene, saindo do Santuário e contornando externamente as muralhas do Castelo. Ao entrar novamente no pátio de armas, é executado o rito tradicional de "bênção dos campos e da população", com a Cruz sendo apresentada pelo Capelão do Santuário nos quatro pontos cardeais das muralhas. A seguir, a Cruz é devolvida ao seu escrínio na Capela, sob a luz de fogos de artifício, e as festas são encerradas com o vinho oferecido aos presentes pelo Superior da Confraria.

Festa da Aparição

O nome oficial desta comemoração é "Festa da Cruz de Mouros, Cristãos e Cavalos do Vinho". É celebrada entre os dias 1 e 5 de maio, comemorando o aniversário da aparição do *Lignum Crucis* em Caravaca. É uma importantíssima festa de peregrinação, associada desde o século XIV à obtenção do Jubileu. Consiste em onze rituais religiosos, quase todos realizados pelo Capelão e envolvendo diretamente a Vera Cruz.

No dia 1º de maio é feita uma "Oferenda de Flores" à Cruz na esplanada do Castelo, com entrega de Cruzes a novos membros da Confraria.

No dia 2 de maio, após a "Missa da Aparição" na Capela do Banho (onde fica o tanque com água a ser benta durante as festas), é feito o "Desfile dos Cavalos do Vinho" que, ricamente adornados com mantas e fitas coloridas, e precedidos por Mouros e Cristãos, vão até a praça diante do Castelo. Esse ritual relembra um episódio das guerras com os mouros. Diz a tradição que, durante um dos cercos sofridos pela cidade, acabou-se a água dos reservatórios. Então, um grupo de cavaleiros, em cavalos carregados com odres, saiu da fortaleza e rompeu o cerco, indo em busca de água. Não a acharam, mas encontraram grandes depósitos de vinho. Enchendo os odres, voltaram e conseguiram novamente romper o cerco. Para comemorar o feito, entraram na cidade festivamente, tendo coberto os cavalos com suas capas enfeitadas.

Ainda na manhã do dia 2, é realizado no Santuário do Castelo o "Banho de Vinho e Flores", que é o primeiro banho da Cruz; esse ritual relembra as antigas festividades agrícolas de consagração da primavera, com a bênção do vinho da safra anterior e das flores da nova estação. Na tarde desse mesmo dia é realizada a "Procissão da Baixada da Cruz", na qual a relíquia é retirada da sua Capela e levada, com o acompanhamento de Mouros e Cristãos, para a paróquia do Salvador.

O dia 3 de maio, aniversário da Aparição, começa com uma "Missa Solene" na paróquia do Salvador. À tarde, a "Procissão do Lavatório" leva a Cruz, com acompanhamento de Mouros e Cristãos, da paróquia do Salvador para a Capela do Banho. Na praça diante da Capela é realizado o "Combate entre Mouros e Cristãos".

A seguir, é realizado o ritual do "Banho da Cruz" no tanque da Capela, acompanhado pela bênção das águas. Este é o ritual mais importante e mais antigo de todos, tendo sido criado em 1384. Contam os historiadores que, nesse ano, houve urna grande praga de gafanhotos na região de Múrcia, que resistia a todos os tratamentos comuns. Foram então enviados representantes das cidades e vilas a Caravaca, pedindo ao vigário que banhasse a Santa Cruz em uma porção de água que eles levariam para aspergir as terras castigadas. Feito isso, os gafanhotos desapareceram em três dias. A partir daí estabeleceu-se o costume de banhar a Cruz em uma porção de água, da qual depois os fiéis recolhem porções que levam para aspergir suas propriedades e plantações, para as preservar de pragas e torná-las mais férteis e produtivas.

Nos dias 4 e 5, pela manhã, a relíquia cumpre o ritual da "Cruz dos Inválidos", percorrendo em procissão todos os bairros da cidade, visitando as casas dos doentes e dos inválidos. Na tarde do dia 5 é realizado o último ritual, que consiste na "Procissão de Subida", que leva a Cruz de volta para o seu Santuário, com a bênção dos campos e da natureza semelhante à realizada em setembro.

Todas essas solenidades são realizadas em meio a grande alegria, com muitos fogos de artifício, música, bailes e desfiles de que participa toda a cidade.

4. ORAÇÕES À SANTA CRUZ

Oração da Festa de Exaltação da Santa Cruz

Esta oração é tradicionalmente adotada pela Igreja Anglicana.

Deus onipotente, cujo Filho, nosso Salvador Jesus Cristo, foi suspenso na cruz pela qual ele pôde atrair toda a humanidade para si: misericordiosamente permiti que nós, que nos rejubilamos no mistério da nossa redenção, possamos receber a graça de tomar nossa cruz e seguir a ele que vive e reina convosco e com o Espírito Santo, Deus uno, na glória eterna.

Deus, cujo Filho bendito, tornado instrumento de uma morte infamante, pôde por sua Paixão tornar-se para nós o caminho da vida e da paz: concedei que nos rejubilemos na Cruz de Cristo, que possamos alegremente sofrer vergonha e dano por amor de vosso Filho, nosso Salvador Jesus Cristo, que vive e reina convosco e com o Espírito Santo, Deus uno, para todo o sempre. Amém.

Novena de Exaltação da Santa Cruz

Jesus que, por causa de vosso inflamado amor por nós, quisestes ser crucificado e derramastes vosso preciosíssimo sangue para redenção e salvação de nossas almas, inclinai-vos sobre nós e concedei-nos o que agora vos pedimos: (fazer o pedido).

Confiamos plenamente em vossa misericórdia. Limpai-nos do pecado por vossa graça; santificai nosso trabalho; dai-nos e a todos que nos são queridos o pão de cada dia; aliviai o peso dos nossos sofrimentos, abençoai nossas famílias e dai aos aflitos vossa paz, a única paz verdadeira, de modo que, obedecendo aos vossos mandamentos, possamos entrar na glória do céu. Amém.

Oração da Santa Cruz

Esta oração também pode ser recitada em uma novena, para fazer um pedido pela intercessão do Santo Lenho.

(Sinal da cruz)

Em nome do Pai, do Filho e do Espírito Santo.

Jesus, que pela Santa Cruz vos tornastes nosso divino Salvador, fazei com que atravessemos nossa vida livres dos perigos e dos inimigos da nossa alma. Permiti que o precioso lenho da vossa Santa Cruz, que deu ao mundo o Fruto Divino da Redenção, sempre produza novos frutos de salvação e de graça como a que agora vos peço: (fazer o pedido).

Salve, preciosa e santíssima Cruz, que recebeste em teus braços nosso Senhor e Salvador! Salve, instrumento da minha redenção e garantia da minha felicidade eterna! Protege-me com tua sombra enquanto eu viver neste mundo terreno e abre-me as portas do céu para que em teu nome me acolha aquele que por meio de ti me salvou. Amém.

Oração pelas Almas do Purgatório

Esta oração deve ser recitada diante de um crucifixo, com duas velas acesas.

(Sinal da cruz)

Em nome do Pai, do Filho e do Espírito Santo.

Do abismo profundo em que me achava clamei a vós, Senhor. Senhor, ouvi a minha voz. Sejam vossos ouvidos atentos às minhas súplicas. Senhor, se não relevardes as nossas iniquidades, quem poderá permanecer em vossa presença? Mas sois misericordioso, e esperarei em vós, Senhor, confiando em vossa lei. A minha alma esperou no Senhor, a minha alma teve confiança na sua palavra! Assim todo Israel tenha esperança no Senhor, desde a aurora até a noite; pois o Senhor é misericordioso e nele encontramos redenção eterna. Ele há de perdoar a Israel todas as suas iniquidades.

Deus, redentor e criador de todos os homens, concedei às almas que sofrem no purgatório a remissão dos seus pecados. Vós, que sois o supremo juiz e senhor de todos os vivos e de todos os mortos, sede misericordioso para com aqueles que ainda estão sendo purificados dos seus pecados, nas chamas do purgatório. Que essas almas alcancem da vossa clemência, pela intercessão de Maria Santíssima e de todos os santos e santas, o perdão dos seus pecados.

Suplico-vos, Senhor Deus, pelo sangue que nosso Senhor Jesus Cristo derramou na Santa Cruz pela salvação do gênero humano, atendei à minha prece. Dignai-vos, Senhor, ouvir a minha súplica, usando de bondade e de misericórdia para com as almas sofredoras, tirando-as da expiação do purgatório e levando-as para o gozo e descanso eterno na vossa morada celestial.

Por Jesus Cristo, nosso Senhor, que convosco vive e reina na unidade com o Espírito Santo, por todos os séculos dos séculos. Amém.

Rezar um Credo, três Pai Nossos e três Ave Marias.

Grande Oração da Cruz de Caravaca

Esta oração deve ser rezada diante de um crucifixo com seis velas acesas. Se houver várias pessoas presentes, todas devem permanecer ajoelhadas, exceto a que recita a oração; esta deve rezar de pé, ajoelhando-se somente no final, no momento indicado. Quando se trata de uma graça pessoal ou particular, a oração deve ser rezada em voz baixa e a pessoa rezará sem estar acompanhada por qualquer outra pessoa.

Esta oração pode ser recitada à meia-noite, mas será preferível rezá-la às 3 horas da tarde, hora em que Jesus expirou na cruz.

(Sinal da cruz)

Em nome do Pai, do Filho e do Espírito Santo.

Nós vos adoramos, Senhor Jesus, e vos bendizemos porque, com vossa Santa Cruz, remistes o mundo. Pequei, Senhor, e tenho sempre o meu pecado diante dos olhos; mas fazei, Senhor Jesus, que eu ouça as vossas palavras e me alegre em vossa misericórdia. Restituí-me, Senhor, a alegria do vosso amparo e dai-me a força que me confirma na prática do bem. Não desprezeis, Senhor meu Deus e Salvador, as minhas preces.

Nós vos adoramos, Senhor Jesus, e vos bendizemos porque, com vossa Santa Cruz, remistes o mundo. Nós vos louvamos, Senhor Deus, avós que sois louvado pelos céus, a vós que todas as potestades, serafins, querubins, arcanjos e anjos proclamam "Santo, Santo, Santo Senhor dos Exércitos", por todos os séculos. Meu Senhor Jesus, a vós que, derramando vosso santíssimo sangue na cruz nos abristes o caminho do céu, rogamos a vossa bênção. Compadecei-vos de nós, Senhor. Suplicamos a vossa clemência e que nunca desampareis os vossos servos, que imploram a vossa graça. Salve Cruz gloriosa, Santo Madeiro!

(Sinal da cruz)

Diante da vossa Cruz, nós vos imploramos, Senhor Jesus, meu Deus e meu Redentor, que vossa misericórdia nos conceda a graça de ... (mencionar o pedido). Pelas vossas cinco chagas, pela vossa coroa de espinhos, pelos cravos que feriram os vossos pés e mãos, atendei-nos, Senhor, e lavai os nossos pecados. Bendita Cruz, em que foi cravado nosso Senhor Jesus Cristo, estendei sobre nós os vossos braços protetores. Defendei-nos, Sagrado Lenho, das tentações demoníacas. Santa Cruz, nós viemos a ti, como ao nosso verdadeiro abrigo e fortaleza, nosso escudo e arma, nossa luz e salvação cios perigos, doenças, crimes e pecados. Meu Senhor Jesus Cristo, sede meu mestre e meu amigo, concedei-me com o perdão dos meus pecados a graça de ... (mencionar o pedido). Aliviai nosso coração aflito, confortai nosso ânimo, iluminai nosso espírito e dai-nos coragem para evitarmos o pecado.

(Ajoelhar-se)

Eis o Lenho da Cruz em que se prendeu a Salvação do mundo. Louvado seja o Senhor, para sempre seja louvado. Amém.

Rezar um Credo, um Pai-nosso e uma Ave-maria.

Prece e Saudação à Antiga Cruz de Caravaca

Salve, Santo Lenho, que, pela vontade de Deus, os anjos trouxeram da cidade abençoada de Jerusalém. Salve, verdadeiro amigo, protetor espiritual, que realmente sofreu os ataques dos inimigos e venceu. Salve, Jesus, Senhor dos Mundos; permiti, nosso Pai, que sejamos dignos de alcançar a sua ajuda.

Livrai-me, Santo Lenho, das insídias do Diabo, da perseguição dos inimigos ocultos e declarados, e fazei com que eu mereça viver feliz por mérito do vosso mistério. Concedei que eu receba o que for merecido, pois sei que nada no mundo se passa sem que haja uma causa e a cada ação corresponde uma reação. Assim, Senhor, fazei com que eu tenha consciência dos meus erros e, aferrado à Cruz de Caravaca, eu melhore meus atos para alcançar a paz e as bem-aventuranças. Amém.

Rezar uma Ave-maria e um Credo.

Invocação pela Santa Cruz de Caravaca

Para rezar em momentos de grande perigo.

(Sinal da cruz)

Em nome do Pai, do Filho e do Espírito Santo.

Pela Santíssima Cruz em que vós, nosso Senhor Jesus Cristo, padecestes e morrestes por nós, salvai-nos. Estendei sobre mim as graças de que sois o tesouro inesgotável. Dai-me a colher os frutos do Santo Madeiro, símbolo do vosso sacrifício.

A vós acorro, pela Santa Cruz de Caravaca, e aos vossos pés me abrigo, contemplando o vosso Sagrado

Corpo. Valei-me, pois, pela Santa Cruz de Caravaca. Amém.

Saudação Antiga à Cruz de Caravaca

Salve, Santo Lenho, que, pela vontade de Deus, os anjos trouxeram da cidade de Jerusalém. Salve, verdadeiro Corpo de Deus, que realmente sofreu na cruz e foi imolado por nós. Salve, Senhor Jesus. Vigiai-me para que eu cuide de minha alma e, livre das insídias do Diabo, mereça viver feliz pelo mérito do vosso sangue. Concedei que eu viva em paz e suplicantemente rogo-vos o perdão dos meus pecados agora e na hora da morte. Amém.

Rezar um Pai-nosso e uma Ave-maria.

Poesia de Santa Teresa de Jesus para a Santa Cruz

Cruz, descanso sabroso de mi vida,
vos seáis la bienvenida.

    Repouso delicioso de minha vida,
    ó Cruz, sede bem-vinda.

Oh bandera, en cuyo amparo
el más flaco será fuerte,
oh vida de nuestra muerte,
qué bien la has resucitado;
al león has amansado,
Pues por ti perdió la vida:
vos seáis la bienvenida.

    Bandeira com cujo amparo
    o mais fraco será forte,

oh, vida da nossa morte,
que tão bem ressuscitastes;
o leão vós amansastes,
pois por ti perdeu a vida:
ó Cruz, sede bem-vinda.

Quien no os ama está cautivo
y ajeno de libertad;
quien a vos quiere allegar
no tendrá en nada desvio.
Oh dichoso poderío,
donde el mal no halla cabida,
vos seáis la bienvenida.

Quem não te ama é cativo
e distante da liberdade;
quem de vós se aproxima
nunca sofrerá desvio.
Oh, ditoso poderio,
onde a maldade se finda,
ó Cruz, sede bem-vinda.

Vos fuisteis la libertad e
de nuestro gran cautiverio;
por vos se reparo mi mal
con tan costoso remedio;
para con Dios fuiste medio
de alegria conseguida:
vos seáis la bienvenida.

Fostes a libertação
deste nosso cativeiro;
vós redimistes meu mal
com tão difícil remédio;

para Deus fostes o meio
de obter a alegria:
ó Cruz, sede bem-vinda.

Outra Poesia de Santa Teresa de Jesus
para a Santa Cruz

Na poesia de Santa Teresa, a alma é chamada Esposa; o Querido ou Amado é Jesus.

En la cruz está la vida
y el consuelo,
y ella sola es el camino
para el cielo.

> Na cruz está a vida
> E o consolo,
> somente ela é o caminho
> para o céu.

En la cruz está «el Señor
de cielo y tierra»,
y el gozar de mucha paz,
aunque haya guerra.
Todos los males destierra
en este suelo,
y ella sola es el camino
para el cielo.

> Na cruz está o "Senhor
> de céu e terra",
> e o gozo de muita paz
> mesmo na guerra.

Todos os males desterra
neste solo,
somente ela é o caminho
para o céu.

De la cruz dice la Esposa
a su Querido
que es una «palma preciosa»
donde ha subido,
y su fruto le ha sabido
a Dios del cielo,
y ella sola es el camino
para el cielo.

Da cruz diz a Esposa
a seu Querido
que é a "palma preciosa"
de onde subiu,
e seu fruto tem sabor
do Deus do céu,
somente ela é o caminho
para o céu.

Es una «oliva preciosa»
la santa cruz
que con su aceite nos unta
y nos da luz.
Alma mia, toma la cruz
con gran consuelo,
que ella sola es el camino
para el cielo.

É a "oliva preciosa"
a santa cruz
que com seu óleo nos unge

> e nos dá luz.
> Minh'alma, toma a cruz
> com grande consolo,
> porque só ela é o caminho
> para o céu.

Es la cruz el «árbol verde
y deseado»
de la Esposa, que a su sombra
se ha sentado
para gozar de su Amado,
el Rey del cielo,
y ella sola es el camino
para el cielo.

> É a cruz a "árvore verde
> e desejada"
> pela Esposa, que à sombra
> se sentou
> para gozar de seu Amado,
> o Rei do céu,
> e só ela é o caminho
> para o céu.

El alma que a Dios está
toda rendida,
y muy de veras del mundo
desasida,
la cruz le es «árbol de vida»
y de consuelo,
y un camino deleitoso
para el cielo.

> À alma que a Deus está
> toda rendida,

e veramente do mundo
desligada,
a cruz é "árvore de vida"
e de consolo,
e um caminho deleitoso
para o céu.

Después que se puso en cruz
el Salvador,
en la cruz está «la gloria
y el honor»,
y en el padecer dolor
vida y consuelo,
y el camino más seguro
para el cielo.

Desde que se pôs na cruz
o Salvador,
na cruz está "a glória
e a honra",
e em padecer de dor
vida e consolo,
e o caminho mais seguro
para o céu.

Prece pela Cruz de Caravaca

Para começar o dia e ter sucesso em todas as atividades.

Senhor, neste dia que começa, venho pedir-te paz, alegria e sorte. Envolve-me, Senhor, na tua luz, hora a hora, instante a instante, após cada trabalho de meu dia. Que a tua ajuda seja minha companheira neste dia que começa, quando o astro solar brilha e ilumina tudo, as árvores, os campos, as cidades e tudo que vive e respira.

Que, pela força da Cruz de Caravaca, eu, neste dia que se inicia, encontre amigos, sejam pessoas passantes ou colegas de trabalho, simpatizantes ou simples pessoas que se encontrarem comigo.

Que, pela força da Cruz de Caravaca, eu possa conviver bem com todos, com familiares, com a pessoa a quem amo, com meus superiores no trabalho. Que eu tenha a todos eles como amigos, e não como inimigos, pois ao ouvirem a minha voz eles sorrirão; ao sentirem a minha presença, eles estarão satisfeitos; ao verem a minha vitória, eles se sentirão vitoriosos também.

Que a luz do dia que começa seja para mim a luz da vitória, pois tenho sofrido injustiças, tenho sentido dores na alma e no corpo, e agora peço a paz e a satisfação.

Reveste-me de luz, Senhor, pois as trevas existem, mas elas não têm o teu poder. Que eu possa mostrar a todos a tua verdade e a minha vitória, Senhor. Dai-me paz e fraternidade. Amém.

Oração pela Santa Cruz contra Maus Espíritos

Ao recitar esta oração, acender duas velas diante de um crucifixo e concentrar-se bastante na imagem da Cruz de Caravaca.

(Sinal da cruz)
Em nome do Pai, do Filho, do Espírito Santo.
O espírito de Jesus Cristo é vencedor. Cristo reina, Cristo governa. Pelo Santo Lenho em que foi pregado, Cristo pode nos salvar.

Se, por qualquer arte mágica, Satanás pretende escravizar-me, nosso Senhor Jesus Cristo, por sua misericórdia infinita, não consentirá e me restituirá a liberdade e a posse da sua divina graça.

Senhor meu Jesus Cristo, filho de Deus, eterno e onipotente, que vos encarnastes no ventre da Santíssima Virgem Maria, para salvação dos pecadores e redenção da humanidade, rogo-vos, Senhor, livrai-me dos maus espíritos. Satanás e todos os espíritos do mal, que pretendeis aprisionar-me e torturar-me, afastai-vos de mim, pelo poder da Cruz do meu Salvador. Amém.

(Sinal da cruz)

Em nome do Pai, do Filho, do Espírito Santo. Amém.

Rezar um Pai-nosso e uma Ave-maria.

Oração pelo Poder da Santa Cruz

Contra as obsessões por maus espíritos e as perseguições dos demônios.

(Sinal da cruz)

Em nome do Pai, do Filho, do Espírito Santo.

Senhor meu Jesus Cristo, Verbo feito carne, que fostes pregado na Cruz e que estais sentado à direita do Deus Pai; pelo vosso santo nome, que sendo pronunciado faz com que os anjos nos céus e os demônios no inferno se ajoelhem, rogo-vos que escuteis as preces dos que depositam confiança e têm fé em vós, que vos digneis preservar o vosso servo ... (dizer o nome da pessoa); pelo vosso santo nome, pelos méritos da Santíssima Virgem, vossa mãe, pelas orações de todos os santos, os sacrifícios de todos os mártires e o merecimento de todas as virtudes, protegei-nos de todos os ataques e malefícios da parte dos demônios e dos maus espíritos, vós que viveis com Deus Pai, na unidade do Espírito Santo. Amém.

Eis a Santa e Verdadeira Cruz de nosso Senhor Jesus Cristo, garantia da nossa salvação, da nossa vida eterna e fonte de onde dimana a confusão e a derrota de todos os demônios e espíritos malignos. Correi, desaparecei daqui, demônios, encarniçados inimigos da humanidade. Espíritos das trevas, diabos, íncubos, súcubos, elementais, seres das faces sombrias, larvas, entes dos mundos inferiores, todos os que se oponham aos desígnios do Altíssimo Senhor Deus e do seu Filho, nosso Senhor Jesus Cristo, estejam ou não aqui presentes, achem-se ou não daqui afastados e ausentes, qualquer que tenha sido o motivo que vos trouxe, tenhais sido chamados, convidados, conjurados ou enviados, por força, ameaça ou artes mágicas e feitiçarias de homem ou de mulher, para atormentar esta criatura ou obsedá-la, conjuro-vos que a deixeis em paz, em nome do Pai, do Filho e do Espírito Santo, em nome de Jesus Cristo.

Em nome do grande Deus vivo, com a autoridade do arcanjo São Miguel, que venceu a todos os demônios, ordeno que, sob nenhum pretexto nem motivo, façais mal a ... (dizer o nome da pessoa), seja no seu corpo, seja por aparição, nem de dia nem de noite, nem acordado nem dormindo. Se não obedecerdes a este conjuro, sereis novamente precipitados nas chamas eternas de onde viestes, pelo arcanjo São Miguel.

Se estais executando algum mal por feitiçaria, esse malefício e essa feitiçaria serão anulados, pelo poder e virtude de Deus Pai, pela sabedoria de Deus Filho, pelo esplendor e bondade do Espírito Santo. Enfim, por Aquele que cumpriu a lei que era, é e será sempre onipotente.

Pelo sinal da cruz, afaste-se de ... (dizer o nome da pessoa) todo o mal, fujam de ... (dizer o nome da pessoa) todos os demônios, maus espíritos, íncubos, súcubos, elementais, seres das faces sombrias, larvas, entes dos mundos inferiores, almas sofredoras. Seja ... (dizer o nome da pessoa) protegido pelas bênçãos dos santos anjos e arcanjos, patriarcas, profetas, apóstolos, mártires, virgens, todos os santos e santas, bem-aventu- rados e beatos. Fujam todos os demônios, espíritos maus e obsessores, da presença de ... (dizer o nome da pessoa), que está protegido pelo sangue de nosso Senhor Jesus Cristo, derramado na Santa Cruz.

Pelo poder de Jesus Cristo, que veio à terra sofrer por todos os homens na Cruz, afastai-vos, demônios, espíritos maléficos e obsessores. Em nome de Jesus Cristo, pela força do arcanjo São Miguel, fugi, potências infernais.

(Sinal da cruz)

Em nome do Pai, do Filho, do Espírito Santo. Amém.

Rezar um Credo, um Pai-nosso e três Ave-marias.

SEGUNDA PARTE:
Orações Diversas

Embora sem respaldo na tradição da Igreja, a crença popular, ao longo dos séculos, criou uma aura de magia em torno da Cruz de Caravaca. Como muitos outros símbolos religiosos, ela foi amplamente utilizada como instrumento para os rituais e as orações da magia desenvolvida na Europa cristã da Idade Média; e muitos livros de orações foram escritos, com fórmulas que atribuem poderes diversos à Cruz, misturando-as com práticas mágicas diversas.

Aqui no Brasil essa tradição é muito forte; talvez isto se deva ao fato de termos herdado da Península Ibérica, tanto a forte religiosidade católica que transforma os santos em amigos de todas as horas, quanto as fórmulas e práticas da feitiçaria baseada na crença cristã, trazida pelas bruxas deportadas pela Inquisição. O mundo da religião popular é um grande acervo de práticas mágicas e de orações a santos que, para quem crê, não apresenta contradições entre feitiçaria e fé; ao contrário, expressa o poder da fé e o de Deus, manifesto pelos seus atributos e por seus filhos mortais ou celestiais. Assim, além de seu uso nas devoções da liturgia oficial da Igreja, muitas orações católicas são empregadas para fazer novenas e promessas com pedidos de graça, além de serem consideradas poderosas nos procedimentos de bênção realizados para cura, exorcismo e proteção.

Por esse motivo, todos esperam que, qualquer livro que fale de algum aspecto dessa religiosidade popular, apresente, além de seu tema específico, orações variadas para diversas finalidades. Para não fugir à regra, incluímos aqui um conjunto de orações das mais populares e apreciadas para vários fins. Algumas dessas orações parecem não ter qualquer ligação com a Cruz de Caravaca; é o caso das orações aos santos e aos anjos. Nada impede, entretanto, que, ao fazer suas orações, o fiel contemple a imagem da cruz, símbolo do sacrifício e do poder redentor de Deus, ao qual, em última instância, todas as orações cristãs são dirigidas, mesmo que o sejam por intermédio de um santo, anjo ou símbolo intercessor.

Outras orações, embora não tenham essa relação explícita, podem ser vistas como orações ligadas à Santa Cruz. As orações de cura e proteção, por exemplo, são sempre realizadas em associação com a bênção e a imposição do sinal da cruz sobre a pessoa, o animal ou o objeto a ser protegido; a Cruz de Caravaca, como foi visto em sua história, é tradicionalmente usada para abençoar pessoas, locais e objetos, com o acompanhamento de orações comuns da Igreja. Orações por doentes, pelas almas de falecidos, pela própria salvação, pela paz no mundo, também são atribuições tradicionais da Santa Cruz.

É importante lembrar, entretanto, que uma oração não é um procedimento de feitiçaria. Ninguém deve esperar que, por meio de uma oração, conseguirá alterar as leis da natureza ou realizar atos antinaturais. A grande força da oração está dentro do coração de quem a recita: a oração é o elo de ligação com Deus, por meio dos santos, dos anjos e dos símbolos do sacrifício de Seu Filho para nos salvar.

1. ORAÇÕES QUOTIDIANAS

Sinal da Cruz

Pelo sinal da Santa Cruz, livrai-nos, Deus nosso Senhor, dos nossos inimigos. Em nome do Pai, do Filho e do Espírito Santo. Amém.

Credo (Símbolo Niceno-Constantinopolitano)

Creio em um só Deus, Pai todo-poderoso, criador do céu e da terra, de todas as coisas visíveis e invisíveis. Creio em um só Senhor, Jesus Cristo, Filho unigénito de Deus, nascido do Pai antes de todos os séculos, Deus de Deus, luz da luz, Deus verdadeiro de Deus verdadeiro, gerado, não criado; consubstancial ao Pai. Por ele todas as coisas foram feitas. E por nós, homens, e para nossa salvação, desceu dos céus e se encarnou, pelo Espírito Santo, no seio da Virgem Maria, e se fez homem. Também por nós foi crucificado sob Pôncio Pilatos; padeceu e foi sepultado. Ressuscitou ao terceiro dia, conforme as Escrituras, e subiu aos céus, onde está sentado à direita do Pai. E de novo há de vir, em sua glória, para julgar os vivos e os mortos; e o seu reino não terá fim.

Creio no Espírito Santo, Senhor que dá a vida, e procede do Pai e do Filho; e com o Pai e o Filho é adorado e glorificado, ele que falou pelos profetas. Creio na Igreja, una, santa, católica e apostólica. Professo um só batismo para remissão dos pecados. E espero a ressurreição dos mortos e a vida do mundo que há de vir. Amém.

Pai-nosso

Pai nosso que estais no céu, santificado seja vosso nome, venha a nós o vosso reino, seja feita a vossa vontade, assim na terra como no céu. O pão nosso de cada dia nos dai hoje; perdoai as nossas ofensas, assim como nós perdoamos a quem nos tem ofendido. E não nos deixeis cair em tentação, mas livrai-nos do mal. Amém.

Ave-maria

Ave Maria, cheia de graça, o Senhor é convosco. Bendita sois vós entre as mulheres, e bendito é o fruto do vosso ventre, Jesus. Santa Maria, Mãe de Deus, rogai por nós, pecadores, agora e na hora da nossa morte. Amém.

Glória

Glória ao Pai, ao Filho e ao Espírito Santo. Como era no princípio, agora e sempre. Amém.

Salve-rainha

Salve, Rainha, Mãe de misericórdia, vida, doçura e esperança nossa, salve! A vós bradamos, os degredados filhos de Eva. A vós suspiramos, gemendo e chorando neste vale de lágrimas. Eia, pois, advogada nossa, esses vossos olhos misericordiosos a nós volvei, e depois deste desterro mostrai-nos Jesus, bendito fruto do vosso ventre, ó clemente, ó piedosa, ó doce e sempre Virgem Maria.

O: Rogai por nós, Santa Mãe de Deus.

R: Para que sejamos dignos das promessas de Cristo. Amém.

Magnificat (Lc1, 46-55)

Este cântico de alegria de Maria ao visitar Isabel é usado diariamente, na liturgia oficial da Igreja, como oração da manhã. Pode-se recitá-lo diante de uma imagem da Virgem, tendo ao lado duas velas acesas.

Minha alma glorifica ao Senhor,
meu espírito exulta de alegria
em Deus, meu Salvador,
porque olhou para sua pobre serva.
Por isto, desde agora,
me proclamarão bem-aventurada todas as gerações,
porque realizou em mim maravilhas aquele que é poderoso
e cujo nome é Santo.
Sua misericórdia se estende, de geração em geração,
sobre os que o temem.
Manifestou o poder do seu braço;
desconcertou os corações dos soberbos.
Derrubou do trono os poderosos
e exaltou os humildes.
Saciou de bens os indigentes
e despediu de mãos vazias os ricos.

Acolheu a Israel, seu servo,
lembrado da sua misericórdia,
conforme prometera a nossos pais,
em favor de Abraão e sua posteridade, para sempre.

Bendito (Lc 1, 68-79)

Esta profecia de Zacarias, feita quando nasceu seu filho João Batista, é usada pela Igreja na oração da tarde.

Bendito seja o Senhor, Deus de Israel,
porque visitou e resgatou o seu povo,
e suscitou-nos um poderoso Salvador,
na casa de Davi, seu servo
(como havia anunciado, desde os primeiros tempos,
mediante os seus santos profetas),
para nos livrar dos nossos inimigos
e das mãos de todos os que nos odeiam.
Assim exerce a sua misericórdia com nossos pais,
e se recorda de sua santa aliança,
segundo o juramento que fez a nosso pai Abraão:
de nos conceder que, sem temor,
libertados de mãos inimigas,
possamos servi-lo
em santidade e justiça, em sua presença,
todos os dias da nossa vida.
E tu, menino, serás chamado profeta do Altíssimo,
porque precederás o Senhor e lhe prepararás o caminho,
para dar ao seu povo a conhecer a salvação,
pelo perdão dos pecados.
Graças à ternura e misericórdia de nosso Deus,
que nos vai trazer do alto a visita do Sol nascente,

que há de iluminar os que jazem nas trevas e na sombra da morte
e dirigir os nossos passos no caminho da paz.

Deus, Pastor dos Homens (Salmo 22)

Recite este Salmo a todos os instantes, principalmente ao deitar-se e ao levantar-se, no início de suas atividades, antes e durante as viagens.

O Senhor é meu pastor, nada me faltará.
Em verdes prados ele me faz repousar.
Conduz-me junto às águas refrescantes,
restaura as forças de minha alma.
Pelos caminhos retos ele me leva,
por amor do seu nome.
Ainda que eu atravesse o vale escuro,
nada temerei, pois estais comigo.
Vosso bordão e vosso báculo
são o meu amparo.
Preparais para mim a mesa
à vista de meus inimigos.
Derramais o perfume sobre minha cabeça,
e transborda minha taça.
A vossa bondade e misericórdia hão de seguir-me
por todos os dias da minha vida.
E habitarei na casa do Senhor
por longos dias.

Oração ao Anjo da Guarda

Santo anjo do Senhor,
Meu zeloso guardador,

Se a ti me confiou
A piedade divina,
Sempre me rege, me guarda,
Me governa e me ilumina. Amém.

Oração para Antes do Trabalho

(Sinal da cruz)

Em nome do Pai, do Filho e do Espírito Santo.

Senhor, rogo-vos abençoar o trabalho em que vou me ocupar, durante este dia, permitindo que eu possa tirar proveito dos meus esforços, cumprir bem o meu dever e assim contribuir para a vossa glória. Amém.

(Sinal da cruz)

Em nome do Pai, do Filho e do Espírito Santo.

Oração para Depois do Trabalho

Senhor, graças vos dou por haver cumprido o meu dever, na aquisição do meu pão de cada dia. Abençoai-me, Senhor, e permiti que, voltando para minha casa, eu possa gozar em paz do decanso, depois de mais um dia que me concedestes.

Sede louvado, Senhor, pela vossa misericórdia. Amém.

(Sinal da cruz)

Em nome do Pai, do Filho e do Espírito Santo. Amém.

Oração por Todos os Moribundos do Dia, em toda a Terra

(Sinal da cruz)

Em nome do Pai, do Filho e do Espírito Santo.

Senhor meu Jesus Cristo, Criador e Salvador de todos os homens, clementíssimo pastor das almas, cheio de fé em vossa bondade infinita, rogo-vos, pelas agonias do vosso sacratíssimo coração, pelas pungentes sete dores de vossa Mãe puríssima, que purifiqueis em vosso sangue todos os pecadores que, nesta hora, se acham em agonia e que hoje têm de abandonar o seu corpo, a fim de comparecerem perante o vosso tribunal.

Sagrado Coração de Jesus, sede misericordioso para com os moribundos. Sagrado Coração de Jesus, vós, que sois a esperança suprema de todos os mortais, tende piedade dos moribundos. Sagrado Coração de Jesus, vós que fostes ferido e que sangrastes pelos pecados humanos, sede bondoso para com os que estão entregando as suas almas à vossa misericórdia e à vossa justiça. Sagrado Coração de Jesus, orai por nós. Amém.

Rezar um Credo, um Pai-nosso e uma Ave-maria.

2. ORAÇÕES ÀS PESSOAS DA SANTÍSSIMA TRINDADE E DA SAGRADA FAMÍLIA

Oração a Jesus Cristo para Obter Paz de Espírito

Esta oração deve ser recitada diante de um crucifixo, por três dias seguidos.

(Sinal da cruz)
Em nome do Pai, do Filho e do Espírito Santo.
Senhor, a vós que padecestes por todas as criaturas humanas, a vós que fostes humilhado, açoitado e pregado à Santa Cruz, que entregastes a vossa alma ao Pai

eterno, que vencestes a morte, ressuscitando glorioso, peço-vos, arrependido das minhas culpas: concedei-me a paz de coração, afastai de mim os maus pensamentos. Dai-me, Senhor, tranqüilidade de alma, a fim de que melhor eu possa dirigir-vos os meus pensamentos e, com a paz que vos dignardes conceder-me, seguir os vossos puros preceitos, ouvir as vossas santas palavras e, assim, fortificar-me pelo espírito contra as insídias do tentador.

Rogo-vos, Senhor, pelas vossas chagas, esclarecer o meu espírito e o meu coração, tornando-me humilde como fostes, na vossa Paixão; caridoso como fostes, na Cruz, para com vossos inimigos e algozes, quando pedistes ao Pai Eterno: "Senhor, perdoai-lhes, porque não sabem o que fazem."

Suplico-vos, Senhor, pela vossa morte e ressurreição, ajudai-me nesta existência a preparar-me, pelo caminho da virtude, para gozar convosco da vida eterna.

Rezar um Credo e três Pai-nossos.
(Sinal da cruz)
Em nome do Pai, do Filho e do Espírito Santo. Amém.

Oração para Alcançar a Salvação Eterna

(Sinal da cruz).
Em nome do Pai, do Filho e do Espírito Santo.

O Senhor é a minha luz e a minha salvação; de quem terei medo? O Senhor é o defensor da minha alma; quem me faria tremer? Os inimigos que me perseguiam perderam as forças e caíram.

Senhor meu Jesus Cristo, meu criador e salvador, pelo vosso suplício e morte na cruz, humildemente rogo perdão para as minhas culpas. Bem sei, Senhor, que esta existência é menos do que um segundo comparada com ávida eterna. Mas estamos, neste desterro, privados da visão de Deus. Iluminai meus olhos, Senhor, para que na hora da morte o inimigo não triunfe e eu possa, contrito e arrependido dos meus pecados, merecer a paz eterna.

Maria Santíssima, Mãe de Deus, sede meu amparo, meu refúgio; purificai-me o coração, intercedei por mim junto ao vosso divino Filho, nosso Senhor Jesus Cristo.

Deus é minha força, meu refúgio e meu Salvador. Deus é meu protetor.

Rezar um Credo, um Pai-nosso e uma Ave-maria.

Louvai ao Senhor, todas as gentes, louvai-o, todos os povos, por todos os séculos dos séculos. Amém.

(Sinal da cruz)

Em nome do Pai, do Filho e do Espírito Santo.

Oração Especial ao Coração de Jesus

Para obter paz de espírito e coragem.

(Sinal da cruz)

Em nome do Pai, do Filho e do Espírito Santo.

Meu Sagrado Coração de Jesus, humildemente vos peço, dai-me tudo quanto me for necessário para que eu possa viver com tranqüilidade, esforçando-me para obter o pão de cada dia e a salvação de minha alma. Concedei-me a graça de evitar fazer mal ao meu próximo e assim ofender-vos em vosso sacratíssimo amor pela humanidade. Fortificai-me para que eu possa resistir às tentações, conservando a minha alma limpa de culpas.

Dai-me, Sagrado Coração, paciência nas dificuldades, perseverança em vossa fé. Abençoai todas as pessoas de minha família, meus parentes e amigos, assim como também meus inimigos. Convertei aqueles que vos negam, conduzi à salvação as almas sofredoras. Amém.

Rezar um Pai-nosso e uma Ave-maria.

Ladainha do Sagrado Coração de Jesus

Senhor, tende piedade de nós.
Jesus Cristo, tende piedade de nós.
Senhor, tende piedade de nós.
Jesus Cristo, ouvi-nos.
Jesus Cristo, atendei-nos.
Deus Pai dos céus, tende piedade de nós.
Deus Filho, Redentor do mundo, tende piedade de nós.
Deus Espírito Santo, tende piedade de nós.
Santíssima Trindade, que sois um só Deus, tende piedade de nós.
Coração de Jesus, Filho do Pai Eterno, tende piedade de nós.
Coração de Jesus, feito pelo Espírito Santo no seio de Maria, tende piedade de nós.
Coração de Jesus, unido em substância ao Verbo de Deus, tende piedade de nós.
Coração de Jesus, de majestade infinita, tende piedade de nós.
Coração de Jesus, templo santo de Deus, tende piedade de nós.
Coração de Jesus, tabernáculo do Altíssimo, tende piedade de nós.

Coração de Jesus, casa de Deus e porta do céu, tende piedade de nós.
Coração de Jesus, ardente fornalha de caridade, tende piedade de nós.
Coração de Jesus, recipiente de justiça, tende piedade de nós.
Coração de Jesus, cheio de bondade e de amor, tende piedade de nós.
Coração de Jesus, abismo de todas as virtudes, tende piedade de nós.
Coração de Jesus, digno de todo louvor, tende piedade de nós.
Coração de Jesus, Rei de todos os corações, tende piedade de nós.
Coração de Jesus, fonte dos tesouros da sabedoria, tende piedade de nós.
Coração de Jesus, sede da plenitude da divindade, tende piedade de nós.
Coração de Jesus, onde o Pai pôs toda a sua complacência, tende piedade de nós.
Coração de Jesus, de cuja plenitude todos recebemos, tende piedade de nós.
Coração de Jesus, o desejado das colinas eternas, tende piedade de nós.
Coração de Jesus, paciente e misericordioso, tende piedade de nós.
Coração de Jesus, riquíssimo para os que vos invocam, tende piedade de nós.
Coração de Jesus, fonte de vida e santidade, tende piedade de nós.
Coração de Jesus, propiciação por nossos pecados, tende piedade de nós.

Coração de Jesus, saturado de opróbrios, tende piedade de nós.
Coração de Jesus, triturado de dor por nossos crimes, tende piedade de nós.
Coração de Jesus, obediente até à morte, tende piedade de nós.
Coração de Jesus, transpassado pela lança, tende piedade de nós.
Coração de Jesus, fonte de toda consolação, tende piedade de nós.
Coração de Jesus, nossa vida e ressurreição, tende piedade de nós.
Coração de Jesus, nossa paz e reconciliação, tende piedade de nós.
Coração de Jesus, vítima dos pecadores, tende piedade de nós.
Coração de Jesus, salvação dos que esperam em vós, tende piedade de nós.
Coração de Jesus, esperança dos que morrem em vós, tende piedade de nós.
Coração de Jesus, delícia de todos os santos, tende piedade de nós.
Cordeiro de Deus, que tirais os pecados do mundo, perdoai-nos, Senhor.
Cordeiro de Deus, que tirais os pecados do mundo, ouvi-nos, Senhor.
Cordeiro de Deus, que tirais os pecados do mundo, tende piedade de nós.
O: Jesus, manso e humilde de coração,
R: Fazei nosso coração semelhante ao vosso.

OREMOS: Deus onipotente e eterno, olhai para o Coração de vosso Filho diletíssimo e para os louvores e as satisfações que ele, em nome dos pecadores, vos tributa; e aos que imploram a vossa misericórdia, concedei benigno o perdão, em nome do vosso mesmo Filho Jesus Cristo, que convosco vive e reina pelos séculos dos séculos. Amém.

Novena Poderosa ao Menino Jesus de Praga

Em casos urgentes, esta novena deverá ser feita em nove horas consecutivas.

Oh! Jesus que dissestes: "- Pede e receberás; procura e acharás; bate e a porta se abrirá." Por intermédio de Maria, vossa Sagrada Mãe, eu bato, procuro e vos rogo, que minha prece seja atendida (menciona-se o pedido).

Oh! Jesus que dissestes: "- Tudo o que pedires ao Pai em meu nome, ele atenderá." Por intermédio de Maria, vossa Sagrada Mãe, rogo a vosso Pai, em vosso nome, que minha oração seja atendida (menciona-se o pedido).

Oh! Jesus que dissestes: "- O céu e a terra passarão, mas a minha palavra não passará." Por intermédio de Maria, vossa Sagrada Mãe, eu confio que minha oração seja ouvida (mencionar o pedido). Amém.

Rezar duas Ave-marias e uma Salve-rainha.

Ladainha a Nosso Senhor do Bonfim

Esta oração pode ser rezada a qualquer hora do dia, mas a noite é preferível, sobretudo, antes de deitar-se para dormir.

Senhor, tende piedade de nós.
Cristo, tende piedade de nós.

Salvador Jesus, ouvi-nos, tende piedade de nós.

Salvador Jesus, atendei-nos, tende piedade de nós.

Salvador Jesus, ouvido dos surdos, tende piedade de nós.

Salvador Jesus, língua dos mudos, tende piedade de nós.

Salvador Jesus, luz dos cegos, tende piedade de nós.

Salvador Jesus, que curais os doentes, tende piedade de nós.

Salvador Jesus, que abrandais as dores, tende piedade de nós.

Salvador Jesus, consolador dos aflitos, tende piedade de nós.

Salvador Jesus, refúgio dos infelizes, tende piedade de nós.

Salvador Jesus, abrigo dos sofredores, tende piedade de nós.

Salvador Jesus, pai dos órfãos, tende piedade de nós.

Salvador Jesus, protetor das viúvas, tende piedade de nós.

Salvador Jesus, tesouro dos pobres, tende piedade de nós.

Salvador Jesus, que nos livrais de todo mal, tende piedade de nós.

O: Livrai-nos das penas espirituais.

R: Tende piedade de nós.

O: Todos aqueles que venham honrar vossa santa imagem,

R: Voltem consolados e curados.

Cordeiro de Deus, que tirais os pecados do mundo, perdoai-nos, Senhor.

Cordeiro de Deus, que tirais os pecados do mundo, atendei-nos, Senhor.

Cordeiro de Deus, que tirais os pecados do mundo, tende piedade de nós.

OREMOS: Santíssimo Salvador, Jesus, Senhor do Bonfim, pelas terríveis dores que sofrestes na cruz, em vossa cabeça ferida pela coroa de espinhos, em vossos pés e em vossas mãos transpassados pelos cravos, pelo vosso suor de sangue, concedei-me a graça de ... (fazer o pedido). Bem sei que os meus pecados pesam muito, que pouco mereço o vosso perdão, mas também sei, Senhor, que o vosso infinito amor à humanidade é infinitamente maior. Apesar de pecador, eu creio em vós, Senhor meu Deus, creio em vossa justiça, em vossa bondade, em vossa misericórdia. Senhor do Bonfim, sede propício à minha prece. Amém.

Rezar um Credo e um Pai-nosso.

Oração pela Alma de uma Pessoa Conhecida

(Sinal da cruz)

Em nome do Pai, do Filho e do Espírito Santo.

Senhor meu Deus, criador e redentor de todos os homens, concedei à alma de vosso(a) servo(a)... (nome da pessoa) a remissão de todos os seus pecados. Ouvi, misericordioso Senhor, a prece que humildemente vos dirijo e concedei à sua alma o perdão, a fim de que ela possa cantar os vossos louvores no céu eternamente. Concedei-lhe, Senhor meu, a mansão de refrigério, a bem-aventurança e o esplendor da vossa luz.

Deus eterno, misericordioso e justo, vós que desejais a salvação de todas as criaturas humanas, a vós suplico clemência para com vosso(a) servo(a)... (nome da pessoa), levando-o(a) para a vossa celestial morada, para que nela goze da felicidade eterna. Atendei, Senhor, à minha prece; mostrai-vos compassivo para com a alma desse(a) vosso(a) servo(a) e concedei-lhe que, purificado(a) dos seus pecados, possa a sua alma estar convosco por todos os séculos dos séculos.

Rezar um Credo, um Pai-nosso e uma Ave-maria.

Cordeiro de Deus, que apagais os pecados do mundo, salvai ... (nome da pessoa).

Cordeiro de Deus, que apagais os pecados do mundo, salvai ... (nome da pessoa).

Cordeiro de Deus, que apagais os pecados do mundo, salvai ... (nome da pessoa).

(Sinal da cruz)

Em nome do Pai, do Filho e do Espírito Santo.

Oração a Nossa Senhora das Graças

(Sinal da cruz)

Em nome do Pai, do Filho e do Espírito Santo.

Santa Maria, Rainha dos Céus, Mãe de nosso Senhor Jesus Cristo, Senhora do Mundo, que a ninguém deixais de socorrer, a ninguém desprezais, a ninguém esqueceis, que velais pela conversão dos pecadores, olhai benévola para mim, estendei sobre mim o vosso milagroso manto.

Nossa Senhora das Graças, sois justamente celebrada e louvada pelas graças e favores que tendes derramado sobre as almas dos que possuem fé em vosso patrocínio. Nossa Senhora das Graças, sois reverenciada pelos muitos milagres extraordinários que tendes operado. Alcançai-me do vosso amado filho, nosso Senhor Jesus Cristo, o perdão para os meus pecados. Ouvi, Senhora, esta minha oração e vinde em meu socorro, minha protetora e minha defensora. Peço-vos auxiliar-me, conceder-me a graça de ... (fazer o pedido).

Deus vos escolheu e vos predestinou a ser quem distribuiria graças e benefícios a todos os que, humildes e confiantes, se ajoelhassem a vossos pés, rogando-vos a concessão de uma graça. É o que agora estou fazendo, excelsa Senhora, Rainha dos Céus, confiando em vossa infinita bondade e no amor que manifestais a todos os que, piamente, acreditam em vós.

Nossa Senhora das Graças, sois o refúgio dos pecadores. Sois pura e imaculada, e na corte celeste brilhais com uma luz mais clara e mais forte do que a das estrelas. O vosso coração é a fonte perene de todas as graças e assim bem o diz o vosso nome. Nossa Senhora, ainda uma vez vos suplico, concedei-me ... (fazer o pedido). Amém.

Rezar um Pai-Nosso, uma Ave-maria e um Salve-rainha.

Ó Maria, concebida sem pecado, rogai por nós que recorremos a vós.

Ó Maria, concebida sem pecado, rogai por nós que recorremos a vós.

O Maria, concebida sem pecado, rogai por nós que recorremos a vós.

(Sinal da cruz)

Em nome do Pai, do Filho e do Espírito Santo.

Oração à Nossa Senhora de Lourdes

(Sinal da cruz)

Em nome do Pai, do Filho e do Espírito Santo.

Santíssima Virgem, Mãe de Deus nosso Senhor Jesus Cristo: a bem-aventurada Bernadete viu a vossa puríssima pessoa, vestida de branco, com um ramo de rosa e jasmim aos pés, com uma cinta azul, tendo à mão um rosário, rodeada de fulgurante luz celeste.

Rogo-vos, Santíssima Virgem, que subistes ao céu e fostes coroada Rainha do Anjos, interceder junto ao vosso amado filho, nosso Senhor Jesus Cristo, pelo perdão dos meus pecados. Suplico-vos, mãe de Deus e dos homens, obter para mim, da miseriórdia do vosso Filho, a graça de... (fazer o pedido).

Sois, Maria Santíssima, a minha alegria, o meu refúgio, a luz que me guia nos ásperos caminhos da existência. Sois a nossa Mãe e a vossa bondade é infinita. Dignai-vos, Maria Santíssima, receber este ato de fé em vosso poder, em vossa pureza e em vosso amor. Excelsa Senhora, afastai-nos do pecado, conservai a nossa fé na vossa bondade e na justiça de nosso Senhor Jesus Cristo, vosso Filho e nosso Salvador. Confiante em que atendereis ao meu pedido, entrego-me à vossa proteção.

(Sinal da cruz)

Em nome do Pai, do Filho e do Espírito Santo.

Rezar três Ave-marias e uma Salve-rainha.

Ó Maria, concebida sem pecado, rogai por nós que recorremos a vós.

Ó Maria, concebida sem pecado, rogai por nós que recorremos a vós.

Ó Maria, concebida sem pecado, rogai por nós que recorremos a vós.

Oração à Nossa Senhora Aparecida

(Sinal da cruz)

Em nome do Pai, do Filho e do Espírito Santo.

Padroeira nossa, cuja imagem milagrosa foi encontrada, providencialmente, para bem da humanidade e dos que confiam em vossa bondade: ouvi, Santíssima Senhora, a súplica que vos dirige um pecador. A vossos pés estou rogando, por vosso intermédio, o perdão para as minhas faltas e ofensas ao vosso divino Filho, nosso Senhor Jesus Cristo. Nossa Senhora Aparecida, que sois venerada e que tantos milagres tendes operado, alcançai-me benévola a graça de ... (fazer o pedido).

Peço-vos, Nossa Senhora Aparecida, lançar sobre mim a vossa bênção, proteger-me, amparar-me, desviar-me do caminho do mal. Derramai sobre mim a luz do vosso olhar, inspirai-me boas ações e alcançai-me a realização do pedido que humildemente vos faço, certo de que não deixareis de atender à prece que vos dirijo.

Sois a padroeira do noso amado Brasil; fostes consagrada, pelos vossos milagres inúmeros e extraordinários, a Mãe do povo brasileiro. Peço-vos vigiar os destinos desta nossa pátria e, estendendo o vosso manto sobre o nosso país, proteger-nos contra todos os inimigos, externos e internos, para que possamos em paz cantar vossos louvores.

Nossa Senhora Aparecida, rogai por nós.
Nossa Senhora Aparecida, rogai por nós.
Nossa Senhora Aparecida, rogai por nós.

Oração à Nossa Senhora das Dores

Para obter uma graça especial, deve-se rezar esta oração por sete dias seguidos, diante de uma imagem de Nossa Senhora, com sete velas acesas ao lado.

Santa Maria, Mãe da Divina Graça, Mãe Puríssima, Rosa Mística, Estrela da Manhã, Rainha dos Anjos, Rainha das Virgens; Santa Maria, consoladora dos aflitos, fonte perene de todas as graças, ouvi a minha prece, concedei-me a graça, que vos peço humildemente, de ... (fazer o pedido). Concedei-me, Senhora, que ... (repetir o pedido), pelas sete espadas que atravessaram o vosso coração de Mãe amantíssima, ao ver pregado na cruz o Divino Fruto do vosso Ventre.

Nossa Senhora das Dores, jamais houve no mundo alguém que sofresse tanto como vós quando, aos pés da cruz, contempláveis o vosso divino Filho, com as mãos e os pés cravados no madeiro, nas angústias de uma agonia mortal, para salvação da humanidade.

Por aquelas horas de sofrimento, pelas vossas lágrimas, pelas sete feridas do vosso coração, pelas dores que sofrestes em vosso coração transpassado por sete gládios, atendei, Senhora, Rainha do Céu, a minha súplica, dando firmeza à minha alma para seguir o caminho da salvação, evitando as ocasiões de ofender ao meu próximo, perdoando as faltas que cometerem comigo, assim como vós perdoastes os inimigos do vosso, Filho, nosso Senhor Jesus Cristo.

Rainha das Virgens, vós que jamais negastes uma graça a quem vos suplica na aflição, atendei à prece que vos dirijo, confiante em que não a negareis, tamanha é a bondade celestial do vosso puríssimo espírito. Amém.

Rezar um Credo, um Pai-nosso, uma Ave-maria e uma Salve-rainha.

Oração à Nossa Senhora do Bom Parto

Esta é uma novena para ser feita antes do parto. Deve ser recitada diante de uma imagem de Nossa Senhora do Bom Parto ou, na falta desta, de Nossa Senhora da Conceição.

(Sinal da cruz)

Em nome do Pai, do Filho e do Espírito Santo.

Santa Maria, Mãe de Deus nosso Senhor Jesus Cristo, vós sois virgem antes, durante e depois do vosso glorioso parto. Sois a protetora de todas as mães, na hora em que a mulher cumpre a sua espinhosa missão na terra, na hora de dar à luz criaturas de Deus.

Por isso, nossa Senhora do Bom Parto, eu vos imploro, humilde e cheia de fé em vossa bondade, que me concedeis a graça de ser feliz, quando o meu filho sair do meu ventre. Rogo-vos, nossa Senhora do Bom Parto, a vossa assistência, antes, durante e depois do meu parto. Rogo-vos a vossa proteção, antes, durante e depois do meu parto.

Creio em vós, espero em vós, confio em vós, santa Mãe de nosso Senhor Jesus Cristo, que concebestes por obraegraçado Divino Espírito Santo. De joelhos dirijo-vos esta prece, inteiramente confiante no vosso poder, na vossa bondade e na vossa complacência para comigo, nas horas em que estiver padecendo as dores do parto.

Sois a Rainha dos Anjos, a Estrela do Mar que indica aos pecadores convertidos o porto de salvação. Assim, também, nossa Senhora do Bom Parto, sois a minha auxiliadora. Amém.

Rezar três Ave-marias e três Salve-rainhas.

(Sinal da cruz)

Em nome do Pai, do Filho e do Espírito Santo.

Ladainha de São José

Senhor, tende piedade de nós.
Jesus Cristo, tende piedade de nós.
Senhor, tende piedade de nós.
Jesus Cristo, ouvi-nos.
Deus, Pai celestial, tende piedade de nós.
Jesus Cristo, atendei-nos.
Deus, Pai celestial, tende piedade de nós.
Deus, Filho redentor do mundo, tende piedade de nós.
Deus, Espírito Santo, tende piedade de nós.
Santíssima Trindade, que sois um só Deus, tende piedade de nós. Santa Maria, rogai por nós.
São José, ilustre descendente de Davi, rogai por nós.
Luz dos patriarcas, rogai por nós.
Esposo da Mãe de Deus, rogai por nós.
Guarda puríssimo da Virgem, rogai por nós.
Nutridor do Filho de Deus, rogai por nós.
Zeloso defensor de Jesus, rogai por nós.
Chefe da Sagrada Família, rogai por nós.

José justíssimo, rogai por nós.
José castíssimo, rogai por nós.
José prudentíssimo, rogai por nós.
José fortíssimo, rogai por nós.
José obedientíssimo, rogai por nós.
José fidelíssimo, rogai por nós.
Espelho da paciência, rogai por nós.
Amante da pobreza, rogai por nós.
Modelo dos trabalhadores, rogai por nós.
Glória da vida doméstica, rogai por nós.
Guarda das virgens, rogai por nós.
Amparo das famílias, rogai por nós.
Consolação dos aflitos, rogai por nós.
Esperança dos enfermos, rogai por nós.
Patrono dos moribundos, rogai por nós.
Terror dos demônios, rogai por nós.
Protetor da santa Igreja, rogai por nós.
Cordeiro de Deus, que tirais os pecados do mundo, perdoai-nos, Senhor.

Cordeiro de Deus, que tirais os pecados do mundo, ouvi-nos, Senhor.

Cordeiro de Deus, que tirais os pecados do mundo, tende piedade de nós.

O: O Senhor o fez dono de sua casa.

R: E árbitro de todos os seus bens.

OREMOS: Ó Deus, que vos dignastes escolher, por vossa inefável providência, o bem-aventurado José para ser esposo de vossa Mãe Santíssima, concedei-nos, a nós que suplicamos, que, venerando-o aqui na terra como nosso protetor, mereçamos tê-lo no céu como nosso intercessor, junto a vós que viveis e reinais pelos séculos dos séculos. Amém.

Oração a São José

(Sinal da cruz)

Em nome do Pai, do Filho e do Espírito Santo.

Glorioso São José, que de Deus eterno recebestes o especial privilégio de nos defender dos espíritos do mal na hora da nossa morte, a vós eu humildemente suplico, sede atento à prece que vos dirijo, confiando em vossos méritos de esposo da Santíssima Virgem Maria, Mãe de nosso Senhor Jesus Cristo. Suplico-vos, bem-aventurado São José, pelos vossos merecimentos, obter do Altíssimo que me seja concedida saúde, a mim e a todos os meus.

Bem sei que, por vosso intermédio, os vossos devotos alcançam de nosso Senhor Jesus Cristo as graças que vos são solicitadas. Sois o padroeiro de todos os que trabalham e ganham honestamente o seu pão de cada dia. Sois o protetor das criaturas honestas, desambiciosas, pacíficas. Sois o guia dos moribundos e o seu defensor contra as ciladas dos demônios, na hora da morte.

Por todos os vossos méritos e pelas graças especiais de que gozais junto a nosso Senhor Jesus Cristo, rogo-vos, castíssimo esposo de Maria, obter da misericórdia divina o favor que, pela vossa intercessão, apresento aos pés de Deus: (fazer o pedido).

Bem-aventurado São José, sois o nosso auxiliar e nosso protetor, quando nas atribulações invocamos o vosso nome. Sede, pois, propício à minha prece.

Senhor Deus eterno, justo e misericordioso, que estabelecestes São José como guardião de vossa família aqui na terra, concedei-nos que pela sua intercessão sejamos agraciados com o favor que vos pedimos, nós que somos devotos do vosso glorioso santo, esposo da Virgem Maria.

(Sinal da cruz)

Em nome do Pai, do Filho e do Espírito Santo.

Rezar uni Credo, três Pai-nossos e três Ave-marias.

Oração a São José Operário

Para afastar os inimigos e invejosos do seu trabalho.

(Sinal da cruz)

Em nome do Pai, do Filho e do Espírito Santo.

Senhor São José, eu estou precisando de ajuda. Em minha vida sempre encontro invejosos e pessoas que escarnecem de mim. Estou recorrendo a vós para que destruais o olhar ruim desses inimigos gratuitos. Por que, senhor, eles me invejam?

Sei que o senhor é só bondade e que não deve estar aceitando meu desabafo, mas não agüento a perseguição dessa gente. Assim, peço que eles cuidem de si e me deixem trabalhar para ganhar meu pão, minha saúde e a de meus amigos e parentes. Amém.

Oração de Defesa Contra Inimigos Invisíveis, Espíritos Maléficos e Obsessores

(Sinal da cruz)

Em nome do Pai, do Filho e do Espírito Santo.

Senhor Deus eterno e onipotente, socorrei-me, auxiliai este vosso humilde filho. Livrai-me de todos os perigos, sede misericordioso para comigo no dia do Juízo e anulai as perseguições dos meus inimigos visíveis e invisíveis. Julgai-me, Senhor, separai a minha causa da gente má.

Meu Deus, sois a minha fortaleza. Lançai sobre mim a vossa luz e a vossa verdade, e eu serei salvo.

Amém.

Rezar um Pai-nosso e uma Ave-maria. Acender duas velas diante de um crucifixo.

Oração Contra Todos os Perigos

(Sinal da cruz)

Em nome do Pai, do Filho e do Espírito Santo.

Senhor todo poderoso, vinde em meu socorro, embora o peso das minhas faltas me torne indigno da vossa complacência. Senhor Deus, afastai deste vosso humilde filho todos os perigos e danos do corpo e do espírito; livrai-me das insídias, das traições e dos ataques dos meus inimigos, visíveis e invisíveis, homens e mulheres.

Senhor Deus, com as vossas milícias celestes afastai de mim os maus espíritos tentadores. Eliminai, Senhor, os efeitos da inveja, do ódio, da inimizade que os meus desafetos me tenham. Rogo-vos, Senhor, humildemente, conceder-me a segurança nos caminhos da minha existência. Pelo vosso santo nome, acolhei a prece que vos dirijo, preservando-me o corpo de todos os males e a alma de todas as tentações.

(Sinal da cruz)

Em nome do Pai, do Filho e do Espírito Santo. Amém.

Oração Contra Todas as Doenças

(Sinal da cruz)

Em nome do Pai, do Filho e do Espírito Santo.

Pela gloriosíssima encarnação, gloriosíssimo nascimento, santíssima paixão, ressurreição e ascensão de nosso Senhor Jesus Cristo; por esses altos e santíssimos mistérios, nos quais eu creio, suplico à Santíssima Trindade do Pai, do Filho e do Espírito Santo, pela intercessão da santíssima Virgem Maria, nossa advogada, que livre e cure ... (dizer o nome da pessoa) de ... (dizer o nome da doença).

Por São Roque e São Sebastião, pelas onze mil virgens, por todos os santos e santas da corte celeste. Assim seja, Jesus, Jesus, Jesus.

Senhor meu Jesus Cristo, nosso redentor, encomendo-me a vós, suplicando-vos curar-me (ou a ...) deste mal. Adoremos, reverenciemos, obedeçamos sempre à vontade de nosso Senhor Jesus Cristo. Amém.

Oração para um Casal de Noivos

(Sinal da cruz)

Em nome do Pai, do Filho e do Espírito Santo.

Deus eterno, misericordioso e justo, pelo vosso infinito poder criastes o Universo e Terra com tudo quanto nela existe. Completa a Criação, quisestes dar ao homem, feito à vossa imagem e semelhança, o indispensável auxílio da mulher, para que um e outro fossem uma só carne e um só espírito e não se separassem, consagrando-se ao mistério da geração humana.

Senhor Deus, que inspirastes ao homem e à mulher o desejo de sempre estarem juntos, para a glória do vosso nome e perpetuação da humanidade na Terra, rogo-vos lançar a vossa bênção sobre este casal, que vai se unir pelos sagrados laços do matrimônio.

Fazei dele um esposo virtuoso, bom, cumpridor dos seus deveres para com a sua esposa, seguindo os exemplos de São Joaquim, pai da Santíssima Virgem Maria, e de São José, o puríssimo esposo da mesma Virgem Maria.

Fazei dela uma esposa fiel, virtuosa, amante do seu lar, mãe extremosa, companheira dedicada, tolerante e paciente nos momentos de adversidade. Que ela seja o refúgio e o amparo moral do seu marido. Tornai-a amável como Rebeca, leal como Sara, virtuosa como Sant'Ana; que em tudo siga os exemplos da Mãe de nosso Senhor Jesus Cristo, a Santíssima Virgem Maria. Que ela seja recatada, modesta, grave, forte, honrada, inocente e fecunda.

Concedei, Senhor, a ... (nome do noivo) e ... (nome da noiva) a graça de viverem sempre na mais santa paz e harmonia. Que os pensamentos, os desejos e as aspirações de um sejam os pensamentos, os desejos e as aspirações do outro. Que o seu lar esteja sempre a coberto das necessidades materiais, defendido dos males, e que nele possam cumprir a sua missão na terra, conforme os princípios morais que instituístes para os casais virtuosos e modelares. Amém.

Rezar um Pai-Nosso, uma Ave-maria e uma Salve-rainha.

3. ORAÇÕES AOS ANJOS E AOS SANTOS

Oração ao Anjo da Guarda

(Sinal da cruz)

Em nome do Pai, do Filho e do Espírito Santo.

Deus ordenou aos seus anjos que guardassem as almas, que as guiassem e as conduzissem no caminho da salvação. Louvores ao Altíssimo, Senhor Deus, aleluia. Aleluia, Anjo do Senhor, sois dotado de poder, de graça e de virtude, executais o que vos ordena o Senhor, aleluia, aleluia.

Meu santo Anjo da Guarda, que pela misericórdia divina sois meu guia e meu protetor, defendei-me, orientai-me nos meus passos, inspirai-me atos de caridade para com os meus irmãos e de fé inabalável na justiça divina. Confio em vós, espero que me consolareis nas minhas angústias, socorrer-me-eis nas minhas tentações e me fortalecereis na hora da morte. Pois disse o Senhor: "Envio o meu Anjo diante da tua face para que te guarde no caminho e te leve ao lugar que tenho preparado." Amém.

(Sinal da cruz)

Em nome do Pai, do Filho e do Espírito Santo.

Oração aos Anjos para Pedir Proteção Contra Todos os Males e Inimigos

(Sinal da cruz)

Em nome do Pai, do Filho e do Espírito Santo.

Dai, Senhor, a paz aos que têm fé em vós, a fim de que se cumpra a palavra do profeta: "Ouvi as preces do vosso servo e do vosso povo de Israel."

Santos anjos, que eternamente cantais as glórias do Altíssimo Senhor; arcanjo São Miguel, que triunfastes vencedor das potências infernais; arcanjo São Rafael, que guiastes a Tobias no deserto; arcanjo São Gabriel, que anunciastes a Maria Santíssima a concepção do Verbo de Deus; Samael, Zachariel, Sachiel, Anael, lumes que brilhais em torno ao trono do Altíssimo, que para sempre seja louvado; sede todos minha luz, meu amparo, minha força, minha alegria.

Pelas virtudes dos vossos puríssimos espíritos, fujam de mim as entidades infernais. Pelo ardente amor dos serafins, pela luz dos querubins, pela pureza dos anjos, esteja eu amparado, protegido, guardado e salvo das tentações.

(Sinal da cruz)

Em nome do Pai, do Filho e do Espírito Santo. Amém.

Oração a São Miguel Arcanjo Pedindo Proteção para Viagens Marítimas e Aéreas

(Sinal da cruz)

Em nome do Pai, do Filho e do Espírito Santo.

São Miguel arcanjo, espírito puríssimo, que estais diante do trono do pai celestial; São Miguel arcanjo, príncipe das milícias celestes; São Miguel arcanjo, nosso protetor contra as tentações do espírito das trevas; defendei-nos em nossos caminhos, preservai-nos dos perigos que ameaçam a alma e o corpo, vigiai os nossos inimigos, conduzi-nos a porto seguro, na terra, e a salvamento no céu.

São Miguel arcanjo, abrandai a fúria dos ventos, amainai as ondas bravias, dissipai as nuvens do céu.

São Miguel arcanjo, afastai os espíritos malfazejos, abrandai o coração dos maus, abri os olhos aos descrentes. Meu Deus, refúgio e amparo nosso, atendei à súplica dos que confiam em vossa misericórdia.

(Sinal da cruz)

Em nome do Pai, do Filho e do Espírito Santo. Amém.

Oração ao Arcanjo São Gabriel Pedindo a Reconciliação de Inimigos

Esta oração deve ser recitada diante de uma vela acesa.

(Sinal da cruz)

Em nome do Pai, do Filho e do Espírito Santo.

São Gabriel, força, beleza, bondade; São Gabriel, pureza, caridade, sacrifício. Glorificai o nome do Senhor, que nos trata segundo a grandeza do seu espírito.

Bem-aventurado o homem que teme ao Senhor. Bem-aventurados os que amam o pai celeste. Felizes os que amam os seus irmãos. Bem-aventurados os que se humilham, porque serão exaltados.

Dignai-vos, Deus misericordioso, conceder o perdão e a paz a ... (dizer aqui o nome das pessoas em intenção de quem se recita esta prece). Dignai-vos, meu Pai, também perdoar-me pelas ofensas que vos fiz, esquecendo os vossos mandamentos. Dignai-vos conceder a graça de ver vossos filhos ... (repetir os nomes das pessoas) reconciliados, esquecidos dos seus ressentimentos, voltarem a ser bons irmãos.

(Sinal da cruz)

Em nome do Pai, do Filho e do Espírito Santo. Amém.

Oração a Santa Maria Goretti

Ó Santa Maria Goretti que, confortada pela graça divina, tendo somente doze anos, não vacilastes em derramar o sangue e sacrificar a própria vida para defender a vossa pureza virginal, volvei os olhos à pobre humanidade tão desviada do caminho da salvação eterna.

Inspirai a todos, especialmente à nossa juventude, quanta coragem e presteza sejam necessárias para postergar tudo para não perder o amor de Jesus, ofendê-lo ou perder a própria alma. Infundi em todos nós um verdadeiro horror ao pecado, a fim de que, tendo-o sempre longe de nós, possamos viver piedosamente neste desterro e conseguir a glória eterna do Céu. Amém.

Oração a São Jorge

Para pedir proteção para o gado e os rebanhos contra doenças, roubo e feras carnívoras.

(Sinal da cruz)

Em nome do Pai, do Filho e do Espírito Santo.

São Jorge foi cavaleiro de Cristo.

São Jorge venceu o demônio.

São Jorge matou o dragão.

Glorioso e destemido São Jorge, o vosso poder atinge a terra inteira, os mares, as nuvens e os ventos. Viajais em todos os planetas. Os maus espíritos vos temem, os bons espíritos vos acompanham. O que se esconde na mata, o que nada nas águas e o que anda na terra, tudo dominais e venceis com a vossa lança, que abateu o dragão. Protegei meu gado. Fujam as serpentes, morram as ervas daninhas, extingam-se os animais daninhos, grandes e pequenos.

São Jorge foi cavaleiro de Cristo.

São Jorge venceu o demônio.

São Jorge matou o dragão.

Rezar um Credo e três Pai-nossos.

(Sinal da cruz)
Em nome do Pai, do Filho e do Espírito Santo. Amém.

Oração a São Francisco de Assis

Contra doenças do fígado, dos rins e do estômago. Se possível, rezar diante de uma imagem do santo.

(Sinal da cruz)
Em nome do Pai, do Filho e do Espírito Santo.

Glorioso e milagroso São Francisco de Assis, vós em quem o poder de Deus se manifestou em toda a sua plenitude, afastando-vos do caminho do pecado e concedendo-vos a suprema graça de reproduzir em vossas mãos, pés e lado as chagas que laceraram Cristo na cruz, venho ajoelhar-me aos vossos pés, rogando que, por vossa intercessão, sejam perdoados os meus grandes pecados.

Glorioso e milagrosíssimo São Francisco de Assis, assim como vós domastes o lobo feroz e tornaste-o manso e inofensivo, assim vos rogo, pelo vosso grande amor a Deus nosso Senhor Jesus Cristo, afastai de mim os padecimentos deste mal de ... (citar o órgão afetado).

Desde séculos vindes, São Francisco de Assis, operando milagres em todo o mundo e a humanidade cristã não cessa de entoar cantos de agradecimento pelas inumeráveis graças que tem recebido pela vossa intercessão, em benefício dos que sofrem, junto ao trono do Altíssimo.

O vosso amor a Deus é ardente e puríssimo e por isso sois denominado o seráfico São Francisco de Assis, pois somente os serafins estão ardendo no mesmo fogo de amor divino que arde em vosso coração.

Louvores vos sejam dados, São Francisco de Assis, pela vossa caridade. Confiante em vosso boníssimo e puríssimo coração, espero ver-me curado deste mal. Suplico-vos portanto, glorioso santo, a vossa intercessão perante nosso Senhor Jesus Cristo, para a minha cura, crente de que o Deus eterno e misericordioso atenderá ao vosso pedido em meu favor.

São Francisco de Assis, rogai por mim.

São Francisco de Assis, orai por mim.

São Francisco de Assis, valei-me.

Rezar três Pai-nossos, três Ave-marias e um Credo.

(Sinal da cruz)

Em nome do Pai, do Filho e do Espírito Santo. Amém.

Oração a Santo Expedito

Para ter êxito em negócios difíceis.

(Sinal da cruz)

Em nome do Pai, do Filho e do Espírito Santo.

Glória a Deus nas alturas e paz na terra aos homens de boa vontade.

Santo Expedito, vós que pelos vossos méritos alcançastes a bem-aventurança eterna, ouvi a minha prece. Intercedei junto a nosso Senhor Jesus Cristo, para que sejam aplainados os caminhos deste vosso humilde devoto. Senhor meu Jesus Cristo, que derramastes o vosso Santo Sangue na Cruz, pela salvação dos pecadores, dignai-vos atender à intercessão do vosso grande Santo Expedito. Sede atento, Senhor, às palavras de Santo Expedito, em favor deste vosso humilde filho. Sede propício, Senhor, aos rogos do vosso glorioso Santo Expedito. Senhor meu Jesus Cristo, ouvi complacente as palavras de Santo Expedito.

Valoroso e puro servidor do Altíssimo, Santo Expedito, considerai que, sendo este vosso devoto um pecador, não perdeu contudo sua fé nem na misericórdia de Deus, nem nos vossos méritos perante nosso Senhor Jesus Cristo. Assim, contrito e arrependido dos meus pecados, venho suplicante rogar a vossa intercessão em meu favor, obtendo da misericórdia e da justiça divinas a graça de ser atendido em minha prece: (fazer o pedido).

Santo Expedito, fiel ao Senhor, rogai por mim.

Santo Expedito, pelo vosso martírio, rogai por mim.
Santo Expedito, pela vossa morte, rogai por mim.
Santo Expedito, glorioso mártir, rogai por mim.
Santo Expedito, socorro dos doentes, rogai por mim.
Santo Expedito, amparo dos viajantes, rogai por mim.

Santo Expedito, patrono dos aflitos, dos que se acham em dificuldades, dos que confiam em vossos méritos, amparai-me, protegei-me.

Santo Expedito, que jamais negastes o vosso socorro e a vossa proteção aos que vos imploram com fé e humildade, sede atento aos meus rogos e, pelo sangue que nosso Senhor Jesus Cristo derramou pela salvação dos pecadores, dignai-vos atender à prece que humildemente vos dirijo.

(Sinal da cruz)

Em nome do Pai, do Filho e do Espírito Santo. Amém.

Oração a São Bento

Esta oração deve ser repetida enquanto estiver andando por um caminho no mato.

(Sinal da cruz)
Em nome do Pai, do Filho e do Espírito Santo.
Meu São Bento.
Água benta,
Jesus Cristo no altar.
Neste momento,
Quem estiver no caminho,

Em nome de São Bento,
Afaste-se, deixe-me passar.

Oração a Santo Antônio

Para encontrar dinheiro ou objeto perdido.

(Sinal da cruz)
Em nome do Pai, do Filho e do Espírito Santo.

Santo Antônio de Lisboa, o Pai eterno encheu o vosso espírito de sabedoria. Vós obtivestes o que pedistes. Desprezastes as riquezas, procurastes os bens espirituais, preferistes a beleza do espírito. Por isso, glorioso Santo Antônio de Lisboa, o Menino Jesus sentou-se em vossos braços e a vossa alma brilha como uma luz que jamais se extinguirá.

Rogo-vos, Santo Antônio de Lisboa, concedei-me a graça que vos peço me seja outorgada. Seja-me restituído o que me pertence e que ... (se for dinheiro, diga: foi fruto do meu trabalho; se for objeto comprado, diga: obtive com meu esforço; se tiver sido presente, diga: recebi com satisfação). Se estiver perdido, guiai-me os passos para que o encontre. Se foi roubado, infundi arrependimento na alma de quem o levou. Mas, confiante em vossa sabedoria, procederei, senhor Santo Antônio, conforme os desígnios e a justiça de nosso Senhor Jesus Cristo.

Graças vos darei, Santo Antônio, louvando-vos pelo vosso sábio acolhimento à prece deste vosso devoto. Amém.

Responsório de Santo Antônio

V: Se milagres desejais,
   recorrei a Santo Antônio;
   vereis fugir o demônio
   e as tentações infernais.

R: Recupera-se o perdido,
   rompe-se a dura prisão e,
   no auge do furacão,
   cede o mar embravecido.

V: Todos os males humanos
   se moderam e se retiram.
   Digam-no aqueles que o viram,
   e digam-no os paduanos.

R: Recupera-se o perdido,
   rompe-se a dura prisão e,
   no auge do furacão,
   cede o mar embravecido.

V: Pela sua intercessão
   fogem a peste, o erro, a morte;
   o fraco torna-se forte
   e toma-se o enfermo são.

R: Recupera-se o perdido,
   rompe-se a dura prisão
   e, no auge do furacão,
   cede o mar embravecido.

V: Glória ao Pai, ao Filho e ao Espírito Santo.

R: Recupera-se o perdido,
rompe-se a dura prisão e,
no auge do furacão,
cede o mar embravecido.

V: Rogai por nós, Santo Antônio.

R: Para que sejamos sempre dignos das promessas de Cristo.

Oração a São Martinho

Contra os perigos de viagem por terra.

São Martinho, glorioso guerreiro, batalhador da causa do bem, que dividistes o vosso manto com um pobre que estava a morrer de frio na estrada; rogo-vos, protegei-me na viagem que vou fazer. Acompanhai-me no meu percurso, protegendo-me contra desastres, más companhias, embaraços e contratempos.

São Martinho, glorioso guerreiro, atendei à minha prece. Dignai-vos proteger nesta viagem o vosso devoto, concedendo-me a graça da vossa caridade protetora, até que eu alcance o término da minha jornada.

Senhor Deus, vós que sabeis que por nós mesmos não podemos subsistir, permiti que, por intercessão de São Martinho, sejamos protegidos contra todas as adversidades.

(Sinal da cruz)

Em nome do Pai, do Filho e do Espírito Santo. Amém.

Rezar um Pai-nosso e três Ave-marias.

Oração a São Libório

Contra doenças da bexiga.

(Sinal da cruz)

Em nome do Pai, do Filho e do Espírito Santo.

Bem-aventurado São Libório, rogo-vos a vossa intercessão junto ao Onipotente para que este vosso contrito devoto não seja atormentado por males de bexiga, cálculos, areias, frouxidão ou retenção de urina.

Senhor Deus, que vos dignastes conceder ao vosso bem-aventurado São Libório o poder de curar os males da bexiga, nós vos rogamos que, pelos méritos do vosso santo, o vosso servo ... (dizer o nome da pessoa) se veja livre dos tormentos que o afligem.

São Libório, curai ... (dizer o nome da pessoa).

São Libório, socorrei ... (dizer o nome da pessoa).

São Libório, protegei ... (dizer o nome da pessoa).

Rezar um Credo e três Pai-nossos à Santíssima Trindade.

(Sinal da cruz)

Em nome do Pai, do Filho e do Espírito Santo. Amém.

Oração a São Lucas

Contra inimigos.

A língua do justo dirá palavras de sabedoria e a sua voz proclamará a justiça. Não vos irriteis contra os maus, nem invejeis os que cometem iniquidades. Protegei-me, Senhor, contra os desígnios dos maus.

Senhor Deus, rogo-vos, permiti que vosso glorioso apóstolo São Lucas interceda por mim, junto ao vosso trono, e obtenha a graça de afastar dos meus caminhos a inimizade de ... (dizer o nome da pessoa), esclarecendo-lhe o espírito, revelando-lhe os princípios da vossa lei divina.

São Lucas, humildemente vos suplico, sede o mensageiro desta minha prece aos pés do trono do Altíssimo e do seu Filho, nosso Senhor Jesus Cristo, que com ele vive e reina por todos os séculos dos séculos. Amém.

Oração a São Lourenço

Contra queimaduras.
(Sinal da cruz)
Em nome do Pai, do Filho e do Espírito Santo.

Senhor Deus, criador do céu e da terra, vós, que destes ao glorioso mártir São Lourenço a força de suportar e de superar as chamas do seu suplício, concedei-me a graça de extingüir estas queimaduras.

Pelos méritos de São Lourenço, acalmam-se o fogo, a água, a terra e o ar. Pelos méritos de São Lourenço, o fogo espanta o frio, a água mata a sede, a terra fica enxuta, o ar dá vida. Glorioso São Lourenço, pelos vossos méritos, curai esta queimadura da noite para o dia.

Rezar um Pai-nosso e uma Ave-maria.
(Sinal da cruz)
Em nome do Pai, do Filho e do Espírito Santo. Amém.

Oração a Santo André Avelino

Contra paralisia e apoplexia.
(Sinal da cruz)
Em nome do Pai, do Filho e do Espírito Santo.

Senhor, pela confiança que temos em vossa misericórdia quando estamos aflitos, concedei-nos a graça de estar sempre fortificados pela vossa divina proteção contra todas as adversidades.

Senhor meu Jesus Cristo, o bem-aventurado André Avelino entregou-vos a sua alma quando, no altar, celebrava o santo sacrifício da missa. Vós o recebestes em vossa glória e lhe concedestes o privilégio de interceder pelos que sofrem de apoplexia e padecem de paralisia. Humildemente suplicamos que aceiteis a intercessão de Santo Avelino em favor de ... (dizer o nome da pessoa). Humildemente rogamos que fique curado do acesso dessa doença que o está atormentando, pelos méritos de Santo André Avelino.

Santo André Avelino, orai por nós, para honra, glória e louvor do Altíssimo, por todos os séculos dos séculos.

(Sinal da cruz)

Em nome do Pai, do Filho e do Espírito Santo. Amém.

Oração a São Roque

Contra a peste e doenças contagiosas.

(Sinal da cruz)

Em nome do Pai, do Filho e do Espírito Santo.

Bem-aventurado São Roque, intercedei por nós, junto a nosso Senhor Jesus Cristo. Bem-aventurado São Roque, sede nosso protetor, defendendo-nos de epidemias, livrando-nos das doenças contagiosas, dando-nos resistência contra as tentações do maligno, a fim de que possamos viver imunes a doenças do corpo e da alma.

Deus eterno e misericordioso, atendei à nossa prece. Pela intercessão do bem-aventurado São Roque, nós recorremos à vossa justiça e misericórdia, rogando-vos a graça de sermos preservados e salvos de todos os perigos, das doenças incuráveis e contagiosas.

São Roque, orai por nós.

São Roque, orai por nós.

São Roque, orai por nós.

Rezar um Pai-nosso e uma Ave-maria.

(Sinal da cruz)

Em nome do Pai, do Filho e do Espírito Santo. Amém.

Oração a São Vicente Mártir

Contra vícios.

(Sinal da cruz)

Em nome do Pai, do Filho e do Espírito Santo.

Senhor Deus onipotente e misericordioso, louvores vos sejam dados por todos os séculos dos séculos. Senhor meu, rogo-vos, com inteira fé em vossa infinita misericórdia, sede propício à intercessão do bem-aventurado São Vicente mártir em favor de vosso filho ... (dizer o nome da pessoa).

Bem-aventurado São Vicente mártir que, pelos méritos do santíssimo sangue de nosso Senhor Jesus Cristo, obtivestes o privilégio de afastar do mau caminho aqueles que se entregam aos vícios, peço-vos lançar o vosso bondoso olhar sobre ... (dizer o nome da pessoa), compadecendo-vos dos seus sofrimentos físicos e morais.

Suplico-vos, glorioso São Vicente mártir, intercedei junto ao Altíssimo para que ... (dizer o nome da pessoa) abandone o seu vício, aborreça-o e nunca mais se entregue a esse mal, que mata o corpo e a alma.

Rezar um Credo, um Pai-nosso e três Ave-marias.

(Sinal da cruz)

Em nome do Pai, do Filho e do Espírito Santo. Amém.

Oração aos Santos Cosme e Damião

Contra febres e maleitas.

(Sinal da cruz)

Ern nome do Pai, do Filho e do Espírito Santo.

São Cosme e São Damião, vós andastes pelo mundo, morastes na Espanha e percorrestes todos os caminhos, curando os enfermos. Sois caridosos, São Cosme e São Damião.

O pecado é uma doença da alma e uma enfermidade do corpo. Alcançai de nosso Senhor o perdão dos nossos pecados. Pelos vossos méritos, obtende do Senhor Deus, que está nos céus, a cura para os nossos males.

Apagai o fogo da febre, matai os micróbios do corpo.

São Cosme e São Damião, vós andastes pelo mundo, morastes na Espanha e percorrestes todos os caminhos, curando os enfermos. Sois caridosos, São Cosme e São Damião.

O caminho da minha casa está aberto para São Cosme e São Damião. O caminho está limpo. Vinde, São Cosme e São Damião, limpai a minha casa e o meu corpo, lavando os meus pecados no sangue que nosso Senhor Jesus Cristo derramou por nós.

Vós andastes pelo mundo. São Cosme e São Damião, minha casa está no mundo, eu estou em minha casa.

Rezar um Credo e dois Pai-nossos.

(Sinal da cruz)

Em nome do Pai, do Filho e do Espírito Santo. Amém.

Oração a São Sebastião

Contra epidemias, guerras, revoluções e flagelos. Rezar durante três dias seguidos, diante de uma imagem do santo, com duas velas acesas.

(Sinal da cruz)

Em nome do Pai, do Filho e do Espírito Santo.

Não desprezeis, Senhor, a vossa gente, que vos clama, nesta aflição; para glória do vosso santo nome, dignai-vos atender às súplicas que, por intermédio do vosso glorioso mártir, São Sebastião, nós vos dirigimos, humildes, contritos e arrependidos dos nossos pecados.

São Sebastião, guerreiro e mártir de Cristo, não temestes a morte, não negastes a fé na divindade de nosso Senhor Jesus Cristo. Fostes amarrado a uma laranjeira e crivado de setas. O vosso sangue derramou-se por nosso Senhor Jesus Cristo, para que nós pecadores tivéssemos o exemplo da vossa coragem.

Glorioso mártir São Sebastião, pelos espinhos que feriram a vossa carne, pelas setas que transpassaram o vosso peito, pelo martírio que vos abriu as portas do céu, ouvi as preces que por vosso intermédio dirigimos ao Altíssimo. Que, pela vossa valiosa intercessão, se abrandem os ódios entre os homens. Vós sois um valente soldado de nosso Senhor Jesus Cristo e combateis pela paz. Vós sois o guerreiro que vence as epidemias. Usai do vosso valor, glorioso São Sebastião, intercedei por nós, dai-nos a tranqüilidade e a concórdia em nossas famílias, em nossa pátria e em toda a terra, para honra do vosso nome e glória de nosso Senhor Jesus Cristo, que vive e reina por todos os séculos dos séculos.

Seja Deus louvado para sempre.

Rezar um Credo, um Pai-nosso e uma Ave-maria.

(Sinal da cruz)

Em nome do Pai, do Filho e do Espírito Santo. Amém.

Oração a São Cipriano

Contra malefícios, feitiçaria, mau-olhado e sortilégios. Rezar durante três dias seguidos, sempre à meia-noite, diante de um crucifixo, com sete velas acesas ao lado. Deixar as velas queimarem até o fim.

(Sinal da cruz)

Em nome do Pai, do Filho e do Espírito Santo.

Louvado seja nosso Senhor Jesus Cristo, por todos os séculos dos séculos.

São palavras de Deus: o Senhor conhece o caminho dos justos, o caminho dos pecadores perecerá. Vós, São Cipriano, conheceis os caminhos dos que praticam maldades. Sois justo, sábio, prudente e caridoso. Arrependido dos meus pecados, ajoelho-me aos vossos pés. Errei, pequei, cego andei pelos caminhos do erro. Sois justo, sábio, prudente e caridoso. Confio em vossa intercessão junto à misericórdia divina para o perdão dos meus pecados.

Glória a Deus nas alturas, paz na terra aos homens de boa vontade.

Preservai-me, São Cipriano, das tentações e insídias do espírito das trevas, dos ataques dos demônios e seus subordinados, da astúcia de Belzebu, da malícia de Astarot, da malvadez de Moloc.

Limpai a minha mente de maus pensamentos, purificai o meu coração dos maus sentimentos, a minha boca das más palavras. Afugentai de mim os obsessores, os espíritos malignos enviados por Satanás.

Glorioso São Cipriano, afastai de mim, de minha casa, da minha família, os espíritos a serviço das criaturas perversas, aliadas do demônio, anulando as obras ruins de feitiçarias e bruxedos.

Rezar três Credos, três Pai-nossos e três Salve-rainhas.

(Sinal da cruz)

Em nome do Pai, do Filho e do Espírito Santo. Amém.

Oração a São Cipriano (2)

Contra bruxedos e feitiçarias.

(Sinal da cruz)

São Cipriano, que pela graça divina vos convertestes à fé de nosso Senhor Jesus Cristo; vós, que possuístes os mais altos segredos da magia, construí agora um refúgio para mim contra meus inimigos e suas ações nefastas e malignas.

Pelo merecimento que alcançastes perante Deus criador do céu e da terra, anulai as obras malignas, fruto do ódio, os trabalhos que os corações empedernidos tenham feito ou venham a fazer contra a minha pessoa e contra a minha casa.

Com a permissão do Altíssimo Senhor Deus, atendei à minha prece e vinde em meu socorro. Pelo sangue de nosso Senhor Jesus Cristo. Amém.

Rezar um Credo e uma Salve-rainha.

Oração a São Vicente de Paulo

Contra a pobreza.

(Sinal da cruz)
Em nome do Pai, do Filho e do Espírito Santo.

Deus Senhor nosso, que ao bem-aventurado Vicente de Paulo concedestes o privilégio de imitar os vossos divinos mistérios, assim falastes pela boca do rei Davi: Aos pobres de Sião saciarei de pães; meus sacerdotes vestirei de graça saudável, em alegria exultarão seus santos.

Glorioso São Vicente de Paulo, vós que fostes na terra a personificação da caridade divina, dignai-vos atender à prece que vos dirige este vosso fiel devoto. Pelos vossos méritos, alcançai de Nosso Senhor Jesus Cristo o perdão dos meus pecados.

Sede propício, glorioso São Vicente de Paulo, obtendo do Altíssimo, pela vossa intercessão, a graça de nunca faltar pão à minha mesa e de serem afastadas de mim as aflições dos que passam por necessidades.

Rogo-vos obter-me a tranqüilidade na aquisição do meu alimento, do meu vestuário, da minha habitação, a fim de que sejam sempre manifestos no mundo a vossa caridade e os vossos méritos perante o Altíssimo.

Rezar um Credo, um Pai-nosso e uma Ave-maria.

(Sinal da cruz)

Em nome do Pai, do Filho e do Espírito Santo. Amém.

Oração a São Judas Tadeu

Nas grandes aflições, rezar por três dias seguidos.

São Judas Tadeu, glorioso apóstolo, servo e amigo fiel de nosso Senhor Jesus Cristo, por causa do vosso nome, igual ao do traidor, sois esquecido por muitos cristãos. Mas sois justamente e dignamente honrado e venerado nos altares e os fiéis vos invocam, em todo o mundo, como sendo o padroeiro nos casos desesperados, quando parece não haver mais nenhum remédio.

Entretanto, São Judas Tadeu, vós estais no céu, atento às súplicas dos que, confiantes em vossos méritos perante nosso Senhor Jesus Cristo, se dirigem a vós, implorando-vos por socorro.

Venho pois rogar-vos: intercedei por mim que, embora pecador, estou certo de que não deixarei de ser atendido em minha prece, confiante em que vós agireis logo em meu favor, praticando o vosso especial privilégio de ajudar, rapidamente, eficazmente, todas as vezes em que tudo parece perdido e sem recurso.

Valei-me pois, São Judas Tadeu, nesta necessidade em que me encontro. Sede favorável aos meus rogos, fazei com que eu receba do céu consolação e socorro, em todas as minhas aflições e dores, e concedei-me a graça especial de ... (fazer o pedido).

Concedei-me também, São Judas Tadeu, que um dia eu esteja convosco, na mansão celestial, acompanhando-vos, avós, aos santos apóstolos, aos santos e santas, nos seus louvores a nosso Senhor Jesus Cristo, que vive e reina por todos os séculos dos séculos.

Prometo-vos com fé, São Judas Tadeu, não esquecer a graça que me concedestes e não deixar de honrar-vos como meu poderoso e particular padroeiro; e tudo farei por difundir a vossa devoção.

Rezar três Pai-nossos, três Ave-marias e um Glória.

(Sinal da cruz)

Em nome do Pai, do Filho e do Espírito Santo. Amém.

Oração de Santo Agostinho

Para desenvolvimento espiritual.

(Sinal da cruz)

Em nome do Pai, do Filho e do Espírito Santo.

Senhor meu Jesus Cristo, concedei-me a graça de conhecer a mim mesmo e de conhecer-vos também.

Dai-me, Senhor, a força de amar-vos acima de tudo. Dai-me, Senhor, a força de fazer tudo pelo vosso amor, de desprezar-me a mim mesmo, de humilhar-me perante Vós e de Vos exaltar sempre.

Mortifique-me, para viver somente em vós e por vós. Fazei-me receber com alegria tudo quanto quiserdes provar em mim, seja agradável ou triste, sabendo que vós sabeis o que me convém para a minha santificação e para a minha salvação.

Concedei-me a graça de só desejar seguir-vos, fugindo de mim e refugiando-me em vós; de temer por minha salvação e de respeitar-vos, adorar-vos, para alcançar o merecimento de ser um dos vossos escolhidos. Que eu não tenha confiança em mim para somente confiar em vós. Que eu não satisfaça aos meus desejos e só obedeça à vossa vontade, e seja sempre atraído pela vossa bondade e pelo vosso amor.

Que eu seja pobre por vós, humilde por vós, calado por vós, surdo por vós e que um vosso olhar me abrase a alma no vosso amor por todos os séculos dos séculos. Amém.

Rezar um Credo e um Pai-nosso.

Oração a Santa Bárbara

Contra raios e tempestades.

(Sinal da cruz)
Em nome do Pai, do Filho e do Espírito Santo.

Glória a Deus nas alturas e paz na terra aos homens de boa vontade, assim cantaram os anjos no céu quando nasceu nosso Senhor Jesus Cristo.

Santa Bárbara, virgem e esposa do Senhor, ouviu o chamado de Jesus. Santa Bárbara, pura serva do Altíssimo, sacrificou-se pelo amor de Deus. À sua voz, calam-se as fúrias dos elementos, emudecem as cóleras dos gênios maléficos. Santa Bárbara tem poder ao Norte, ao Sul, ao oriente, ao ocidente.

Santa Bárbara, velai pelos inocentes e pelos pecadores. Dissipem-se as nuvens, brilhe de novo o sol.

Pelo sangue de nosso Senhor Jesus Cristo, atendei à minha prece, Santa Bárbara.

(Sinal da cruz)

Em nome do Pai, do Filho e do Espírito Santo. Amém.

Responsório de Santa Bárbara

O: Santa Bárbara gentil,
   sois esposa do Senhor.
   Amainais tormentos mil,
   seja quando e onde for.

R: Por amardes a Jesus,
   vosso pai vos maltratou.
   Mas, pelo poder da cruz,
   para sempre se calou.

O: As fúrias da natureza,
   raios, ventos e trovões,
   vós dominais com firmeza,
   dando paz aos corações.

R: Por amardes a Jesus,
vosso pai vos maltratou.
Mas, pelo poder da cruz,
para sempre se calou.

O: Bárbara, sois milagrosa
e tendes muito poder;
da chuva tempestuosa
podeis bem nos defender.

R: Por amardes a Jesus,
vosso pai vos maltratou.
Mas, pelo poder da cruz,
para sempre se calou.

O: Santa Bárbara, bem-aventurada,

R: Fazei cessar a trovoada.

Oração a Santa Gertrudes

Contra epidemias e calamidades.

(Sinal da cruz)
Em nome do Pai, do Filho e do Espírito Santo.

Em nome da santíssima Virgem Maria, nossa Senhora, concebida sem mancha de pecado, virgem no parto, antes do parto e depois do parto; pela gloriosa Santa Gertrudes, perfeita serva de Deus.

Clementíssimo Pai celestial, pela intercessão de Santa Gertrudes, concedei-me a graça de preservar-me, a mim e a toda a minha família, aos meus amigos e inimigos, do mal que assola esta cidade.

Gloriosa Santa Gertrudes, vós que gozais do prêmio eterno por vossas virtudes, intercedei por mim, pelos meus, por todos os que vivem nesta cidade, obtendo da misericórdia divina que sejam todos preservados de doenças e aflições.

Santa Gertrudes, orai por nós.

Santa Gertrudes, orai por nós.

Santa Gertrudes, orai por nós.

Rezar um Pai-Nosso, três Ave-marias e uma Salve-rainha.

(Sinal da cruz)
Em nome do Pai, do Filho e do Espírito Santo. Amém.

Oração a Santa Luzia

Contra quaisquer males de vista.

(Sinal da cruz)
Em nome do Pai, do Filho e do Espírito Santo.

Gloriosa Santa Luzia, virgem mártir, esposa de nosso Senhor Jesus Cristo: vós preferistes perder a vista, por amor de nosso Senhor Jesus Cristo. Tivestes os vossos olhos furados pelo cruel algoz, a mando do tirano. Fostes martirizada e, com a vossa entrada no céu, obtivestes o privilégio de restituir a vista a todos os que, confiantes em vosso merecimento, se dirijam a vós, implorando a vossa proteção e a cura de qualquer doença dos olhos.

Cheio de fé em vossa eficaz proteção e meritória intercessão junto a nosso Senhor Jesus Cristo, peço-vos, gloriosa mártir Santa Luzia, abençoai os meus olhos, limpando-os deste mal, derramando sobre eles a vossa luz.

Rogo-vos, Santa Luzia, interceder junto a Nosso Senhor Jesus Cristo por mim que, cheio de fé, ajoelho-me aos vossos pés, certo de que serei atendido em meu pedido.

Trazei-me do céu a cura deste mal.

(Sinal da cruz)

Em nome do Pai, do Filho e do Espírito Santo. Amém.

Oração a Santa Apolônia

Contra a dor de dentes.

(Sinal da cruz)

Em nome do Pai, do Filho e do Espírito Santo.

Santa Apolônia, virgem mártir, que alcançastes a palma da salvação eterna pelo suplício em que perdestes a existência terrena, merecendo de nosso Senhor Jesus Cristo o privilégio de curar as dores de dentes e de gengivas, suplicante vos rogo alcançar de nosso Senhor Jesus Cristo a cura desta dor de dentes que aflige o vosso servo ... (nome da pessoa).

Que pelo vosso poder este dente seja curado, aliviado da dor. Que pelo vosso merecimento este dente fique livre do mal.

Senhor meu Jesus Cristo, ouvi solícito a prece que vos dirijo, confiando em vossa misericórdia e nos merecimentos da vossa mártir, a virgem Santa Apolônia. Amém.

Rezar um Pai-nosso à Santa Apolônia, três Pai-nossos à Santíssima Trindade e um Credo.

(Sinal da cruz)

Em nome do Pai, do Filho e do Espírito Santo. Amém.

Oração a Santa Maria Madalena

Para afastar as más companhias e conseguir boas amizades.

(Sinal da cruz)

Em nome do Pai, do Filho e do Espírito Santo.

É infinita a misericórdia divina. Santa Maria Madalena, animado de toda confiança em vossos méritos perante nosso Senhor Jesus Cristo, entrego-me à vossa proteção, rogando-vos afastar de mim (ou de ... - dizer o nome da pessoa) as más companhias, cujos exemplos são perniciosos; aproximando-me (ou aproximando ...) dos bons que podem auxiliar-me (ou auxiliar ...) nos caminhos da vida.

Nosso Senhor Jesus Cristo honrou-vos com a sua amizade. Estivestes ao pé da cruz. Lavastes os pés do Altíssimo com perfume. E imenso o vosso mérito perante o Altíssimo.

Rogo-vos pois, Santa Maria Madalena, afastai de mim (ou de ...) as pessoas prejudiciais à minha (sua) reputação, aos meus (seus) interesses aqui na terra, e à minha (sua) salvação.

Assim como vos foram perdoados os vossos pecados, assim espero ser atendido na prece que vos dirijo, cheio de fé em vossa milagrosa intercessão em meu benefício (ou em benefício de ...).

Rezar um Pai-nosso e uma Ave-maria.

(Sinal da cruz)

Em nome do Pai, do Filho e do Espírito Santo. Amém.

Oração a Santa Teresinha

(Sinal da cruz)

Em nome do Pai, do Filho e do Espírito Santo.

Santa Teresinha do Menino Jesus, rara e preciosa flor no jardim celestial: vós brilhais com uma luz puríssima na corte de nosso Senhor Jesus Cristo, na companhia de Maria Santíssima, dos anjos e de todos os santos.

Vós sois a constante amiga dos humildes, dos crentes sinceros, dos caridosos, dos que perdoam aos inimigos e dos que esperam a salvação pelo sangue de nosso Senhor Jesus Cristo.

Auxiliai-nos na perseverança da virtude, na imitação do vosso exemplo e na fé em Deus nosso Pai.

Valei-nos nos perigos, nas aflições, nas necessidades.

Socorrei-nos, amparai-nos, velai por nós.

Alcançai do Altíssimo estarmos livres das atribulações, dos vexames e dos ataques dos inimigos da nossa salvação.

Protegei-nos dos desastres, das doenças e da morte violenta.

Pelo vosso merecimento rogo-vos, Santa Teresinha, a graça de ... (fazer o pedido).

Lembrai-vos da vossa promessa de, no céu, continuar a interceder pelos pecadores, até que todos sejam salvos.

Espero, confiante em vossas palavras, merecer a graça que vos suplico e obter, quando partir deste vale de lágrimas, entrada na mansão celestial para convosco, eternamente, entoar louvores à justiça e à misericórdia de Deus.

Santa Teresinha, sede nosso auxílio.

Santa Teresinha, sede nossa protetora.

Santa Teresinha, rogai por nós.

Senhor meu Jesus Cristo, que infundistes no coração da vossa serva, Santa Teresinha, o puro amor de Deus, concedei-me pela sua intercessão a graça de amar-vos acima de tudo, de vos ser fiel, alcançando-me a realização do que vos rogo por intermédio e pelos méritos de vossa santa.

Rezar um Credo, um Pai-nosso, três Ave-marias e uma Salve-rainha.

(Sinal da cruz)

Em nome do Pai, do Filho e do Espírito Santo. Amém.

Oração a Santa Quitéria

Contra maus espíritos e outros males.

(Sinal da cruz)

Em nome do Pai, do Filho e do Espírito Santo.

Santa Quitéria, esposa de Cristo, recebestes no céu a coroa da glória eterna.

Senhor meu Jesus Cristo, vós que concedestes a Santa Quitéria a dupla coroa do martírio e da virgindade, nós vos suplicamos que, assim como destes à vossa serva o poder de derrotar o demônio e de converter muitas almas, vos digneis, pelos méritos deste vossa santa, dar-nos a graça de, com a sua intercessão, estarmos defendidos das tentações do espírito das trevas.

Assim como concedestes a Santa Quitéria o dom de operar curas, nós vos pedimos que, por sua intercessão, estejamos protegidos contra as doenças e contra a peste, contra as enfermidades do corpo e da alma.

Rezar um Pai-nosso e uma Ave-maria.

(Sinal da cruz)

Em nome do Pai, do Filho e do Espírito Santo. Amém.

Oração a Sant'Ana

Para obter a paz doméstica. Rezar por sete dias seguidos.

Senhora Sant'Ana, vós que fostes escolhida para trazer ao mundo a Rainha dos Anjos, Maria Santíssima, concedei-me a graça de ver a paz voltar ao meu lar.

Auxiliai-me, Sant'Ana, com o vosso patrocínio.

Em vós confia o meu coração. Vigiai os caminhos que conduzem à minha casa. Fechai a porta do meu lar aos intrigantes, aos maldizentes, aos invejosos, aos falsos amigos.

Afastai a necessidade, as tristezas, os mal-entendidos, a desunião. Protegei a todos os que habitam sob este teto, fazendo-os prosperarem no seu trabalho, livrarem-se das tentações do mundo, trilharem sempre o caminho da honestidade e do cumprimento do dever.

Senhora Sant'Ana, vós que sempre vivestes em paz e harmonia com o vosso esposo, São Joaquim, atendei à minha prece, concedendo-me a graça de estar em meu lar, em constante harmonia com todos os meus, com todos os que vivem em minha companhia.

Senhora Sant'Ana, ouvi o que vos digo: mulher forte, quem a terá por esposa? O seu valor não tem preço. Nela confia o marido. Amam-na os filhos. Obedecem-lhe os criados. Estimam-na as amigas. Levanta-se à noite e cuida da casa. Abre a sua mão aos pobres e estende os braços aos necessitados. Faz os seus vestidos. O seu marido será venturoso. As suas palavras serão prudentes e a sabedoria residirá no seu coração.

Senhor Deus, criador do céu e da terra, vós que vos dignastes conceder à senhora Sant'Ana a graça de ser a progenitora da Mãe de nosso Senhor Jesus Cristo, concedei-nos que, por intermédio da esposa de São Joaquim, sintamos o efeito da sua milagrosa intercessão e da sua bênção sobre o meu lar.

Rezar um Pai-nosso, uma Salve-rainha e três Ave-marias.

(Sinal da cruz)

Em nome do Pai, do Filho e do Espírito Santo. Amém.

Oração a Santo Elesbão e Santa Efigênia

Deus onipotente e justo, contritos confessamos as nossas faltas e arrependemo-nos dos nossos pecados. Arrependidos, confiamos nos merecimentos dos santos mártires, Santo Elesbão e Santa Efigênia, para que nos sejam perdoadas as nossas culpas.

Santos mártires, Elesbão e Efigênia, vós que jamais desfalecestes em vosso amor a Jesus, atendei aos nossos rogos, defendendo-nos perante o tribunal divino e alcançando o perdão para os nossos pecados.

Vinde em nosso auxílio, Santo Elesbão e Santa Efigênia, assim como os guerreiros de Israel acorriam em defesa das cidades de Judá, acometidas pelos inimigos de Jeová, o Senhor Deus dos Exércitos. Sob a vossa guarda e proteção, vivamos na obediência aos preceitos do Deus onipotente e justo.

Rezar um Credo.

(Sinal da cruz)

Em nome do Pai, do Filho e do Espírito Santo. Amém.

4. OUTRAS ORAÇÕES E BENZEDURAS

Oração para Afastar Dificuldades em Negócios

(Sinal da cruz)

Em nome do Pai, do Filho e do Espírito Santo.

Louvado seja Deus, criador de todas as coisas. Louvo nosso Senhor Jesus Cristo pela tranqüilidade que me conceder. Louvo Santo Expedito pela prosperidade em meus negócios, pela minha alegria, pela minha paz. Louvo São Benedito, Santo Antônio, São Policarpo. Glória a nosso Senhor Jesus Cristo, que me concede a graça de ser bem sucedido em minhas empresas. Louvado seja Nosso Senhor pelo seu amor, pelo seu poder, pela sua santidade, pela sua justiça! Louvo o Espírito Santo pelos seus dons espirituais.

Senhor Deus, rogo-vos humildemente amparar-me, proteger-me, fortificar-me, guiar-me nos atalhos da existência, perdoando os meus pecados.

(Sinal da cruz)

Em nome do Pai, do Filho e do Espírito Santo. Amém.

Rezar três Pai-nossos e três Ave-marias.

Oração aos Anjos para Ter Sorte na Loteria

(Sinal da cruz)

Em nome do Pai, do Filho e do Espírito Santo.

Altíssimo Senhor Deus, os Anjos louvam a vossa majestade, a vossa misericórdia, a vossa justiça. As Dominações adoram-vos. As Potestades inclinam-se, as Virtudes vos louvam, os Tronos vos reverenciam, as Dominações obedecem-vos, os Querubins contemplam-vos, os Serafins vos amam e por toda a eternidade entoam o seu hino de louvor e de graças: "Santo, Santo, Senhor Deus dos Exércitos." São Miguel, São Rafael, São Gabriel.

Bem-aventurados os que crêem em Deus e o amam. Bem-aventurados os que não desesperam da sua justiça. Bem-aventurados os que se arrependem dos seu pecados, porque o Senhor é justo e misericordioso. Vós, puros espíritos, que eternamente contemplais a face do Altíssimo, atendei à súplica deste humilde e contrito pecador, que vos roga, sejais propícios ao pedido que vos dirige: (formular o pedido). Amém.

Oração aos Anjos e aos Gênios para Afastar Espíritos Demoníacos

Nesta oração são encontrados nomes hebraicos utilizados para referir-se a Deus, a anjos e demônios; alguns são retirados da Bíblia e outros são originários da Cabala. Na magia medieval, considerava-se que o uso de palavras em hebraico dava maior poder às orações; mas, como essas fórmulas passavam oralmente de geração a geração, muitos desses nomes foram deturpados e atualmente apenas lembram os termos originais.

(Sinal da cruz)

Em nome do Pai, do Filho, do Espírito Santo.

Em nome de Miguel, afaste-se daqui, Charajot. Em nome de Miguel.

Em nome de Gabriel, afaste-se daqui, Belial. Em nome de Gabriel.

Em nome de Rafael, desapareça, Sachabiel. Em nome de Rafael.

Por Samaei Sabaót e em nome de El-Eloím Gibbor, afasta-te, Adramalek. Por Zachariel e Sachiel Melek, obedece a Eloá, Samgabiel, pelo nome divino e humano de Schaddai e pelo símbolo do Pentagrama; em nome do anjo Anael, pelo poder de Adão e Eva, que são Jotchavá, retira-te Lilit, deixa-nos em paz Nahema. Pelos santos El-Eloím, pelos nomes dos gênios Cashiel, Schaltiel, Aphiel e Zachariel, sob as ordens de Orifiel, separa-te de nós, vai para o reino das trevas, Moloc.

(Sinal da cruz)

Em nome do Pai, do Filho e do Espírito Santo. Amém.

Oração para Benzer Contra Deslocamento dos Ossos

Jesus Cristo viveu trinta e três anos. Cristo foi crucificado, morto e sepultado, e glorioso ressuscitou ao terceiro dia. Jesus Cristo subiu ao céu, onde está sentado à direita de Deus Pai todo-poderoso, e do céu descerá para julgar os vivos e os mortos.

Nós cremos em Jesus Cristo, nosso salvador e nosso mediador. Pela nossa fé, os ossos de ... (dizer o nome da pessoa) voltarão ao seu lugar normal, pelo poder de nosso Senhor Jesus Cristo, assim como foram saradas as suas cinco chagas. Amém.

Oração de Bênção Contra Hérnias

(Sinal da cruz)

Em nome do Pai, do Filho e do Espírito Santo.

O arcanjo Gabriel anunciou a Maria a encarnação de nosso Senhor Jesus Cristo, por obra e graça do divino Espírito Santo.

Jesus nasceu e foi adorado pelos anjos, pastores e reis do Oriente. Jesus, durante três anos, ensinou aos homens a se amarem uns aos outros, a perdoarem os pecados uns dos outros. Jesus foi crucificado, morreu e ressuscitou glorioso ao terceiro dia, subiu aos céus, sentou-se à direita de Deus Pai, de onde voltará para julgar todos os vivos e os mortos.

Pelo poder de nosso Senhor Jesus Cristo será fechada a hérnia de ... (nome da pessoa). Pelo sofrimento de nosso Senhor Jesus Cristo na cruz, será fechada a hérnia de ... (nome da pessoa). Pela ressurreição de nosso Senhor Jesus Cristo, será sarada a hérnia de ... (nome da pessoa).

Jesus Cristo, todo-poderoso, vive e reina por todos os séculos dos séculos. Amém.

"Rezar três Pai-nossos"

Oração para Benzer Feridas e Chagas Malignas

(Sinal da cruz)

Em nome do Pai, do Filho e do Espírito Santo.

Persignada serás, chaga maligna, curada serás pela virtude divina, como o foram as feridas de Cristo nos braços de Maria Santíssima.

Rezar cinco Pai-nossos, em memória das cinco chagas de Cristo, e três Ave-marias a Maria Santíssima.

(Sinal da cruz)
Em nome do Pai, do Filho e do Espírito Santo. Amém.

Oração para Pedir a Cura de Hemorragias

Senhor Jesus Cristo, aqui se acha humildemente aos vossos pés vosso(a) servo(a) ... (dizer seu nome), que padece de hemorragias.

Pelo vosso poder, pelo vosso santo nome, operai em mim o que fizestes com a mulher publicana que tocou no vosso sagrado manto. Também creio em vós e confesso publicamente a minha fé. Repeti para mim aquelas divinas palavras: "Sê confiante, tua fé te salvou" e eu me verei livre do mal que me consome.

Rezar três Pai-nossos e três Ave-marias, diante de um crucifixo com duas velas acesas ao lado.

(Sinal da cruz)
Em nome do Pai, do Filho e do Espírito Santo. Amém.

Oração para Benzer uma Pessoa Contra um Mal Desconhecido

Nos locais indicados no texto com uma cruz, benzer o corpo do doente.

(Sinal da cruz)

Em nome do Pai, do Filho e do Espírito Santo.

Pela vontade de Deus todo poderoso, (cruz) sairás daqui, (cruz) cairás por terra, mal ignorado, visto ou intencionado, do corpo desta criatura ... (dizer o nome da pessoa), como saiu o preciosíssimo sangue do corpo de Jesus crucificado (cruz).

Rezar cinco Credos em memória da paixão e morte de Jesus Cristo.

Oração para que Haja Chuva, Contra a Seca

Sendo esta oração feita coletivamente, as frases indicadas com a letra "O" serão pronunciadas pelo orador principal e as indicadas com "R" são a resposta dos demais participantes.

(Sinal da cruz)

Em nome do Pai, do Filho e do Espírito Santo.

Senhor Deus onipotente e misericordioso, criador do céu e da terra, das coisas visíveis e invisíveis, nós, pecadores, gemendo sob o peso das nossas culpas, imploramos perdão para os nossos pecados.

Nós vos suplicamos, Senhor, concedei-nos o auxílio da chuva para os nossos campos; pedimos, Senhor, água para os rios, os lagos e as fontes. Dai-nos, Senhor, a chuva que fará verdes as árvores. Misericordiosamente derramai as águas dos céus sobre a terra seca e queimada pelo Sol.

Manifestai, Senhor, o vosso poder infinito, fazendo com que as nuvens se desfaçam em chuva. Os céus proclamam a vossa glória e os astros anunciam a vossa grandeza eterna. Senhor, ouvi benigno as orações do vosso povo, a fim de que possamos entoar os louvores que vos cantaram os peregrinos de Jerusalém quando entrastes na cidade santa: "Hosana, hosana ao Filho de Davi."

Dignai-vos ouvir as nossas preces. Livrai-nos dos laços dos nossos pecados e defendei-nos das adversidades. Dissestes ao apóstolo Pedro: "Dou-te as chaves dos segredos dos céus e da terra". Também prometestes aos santos apóstolos: "O que ligardes na terra será ligado no céu; o que desligardes na terra será desligado nos céus".

Nós vos rogamos que, pelos méritos dos vossos apóstolos, pelo martírio de São Pedro, sejam ligados na terra os males que nos afligem e desligadas nos céus as fontes de onde descerão as chuvas benéficas.

O: Cordeiro de Deus, que tirais os pecados do mundo,

R: tende piedade de nós.

O: Cordeiro de Deus, que tirais os pecados do mundo,

R: tende piedade de nós.

O: Cordeiro de Deus, que tirais os pecados do mundo,

R: dai-nos a paz.

Amém.

Rezar um Credo, um Pai-nosso e uma Ave-maria.

(Sinal da cruz)

Em nome do Pai, do Filho e do Espírito Santo. Amém.

Oração para Bênção Contra Males da Vista

O próprio doente pode recitar esta oração, fazendo o sinal da cruz sobre os próprios olhos com o polegar da mão direita.

Vem, Santa Luzia,
De noite e de dia,
Trazer-me esta luz
Dos braços da cruz.

Fazer três vezes o sinal da cruz sobre os olhos.

Se é nuvem de sangue,
E de água formada,
Pelo Cristo exangüe
Será desmanchada.

Fazer três vezes o sinal da cruz sobre os olhos.

Por Santa Luzia,
Vais ter a alegria
De ver que esta luz
No céu se produz.

Rezar um Pai-nosso e uma Ave-maria. Depois, fazer três vezes o sinal da cruz sobre os olhos.

Oração para Consagrar uma Casa a Deus

Deve-se fazer esta oração antes de entrar na casa para onde nos mudamos, seja ela uma construção nova ou não. No caso de ela não ser nova e de já ter servido de moradia a outros, depois de rezar esta oração, deve-se entrar e, dentro da casa, rezar uma das orações contra maus espíritos.

(Sinal da cruz)
Em nome do Pai, do Filho e do Espírito Santo.

Senhor meu Jesus Cristo, criador e redentor meu, a vós que sois a justiça e a misericórdia infinitas, consagro esta casa. Senhor, é com simplicidade e alegria que vos dedico esta casa; dignai-vos abençoá-la, protegê-la, afastar delatadas as influências malignas. Que esta casa seja um refúgio para mim e para todos de minha família que aqui vão habitar, confiantes em vossa proteção. Abençoai, Senhor, estas paredes, este teto, estas portas e janelas, todos os compartimentos desta habitação, onde todos nós vamos entrar e morar confiando em vossa proteção. Amém.

Rezar um Credo e um Pai-nosso.

Oração para Obter e Conservar o Amor de um Homem

(Sinal da cruz)

Em nome do Pai, do Filho e do Espírito Santo.

Senhor Deus misericordioso e onipotente, Pai eterno, no Paraíso dissestes a Adão e Eva: "Crescei e multiplicai-vos".

Vós, que por amor criastes o universo, vós que sois o eterno amor, baixai os vossos olhos sobre esta humilde pecadora que, arrependida dos seus pecados, suplica-vos a graça de jamais lhe faltar o amor de ... (nome do homem). Considerai, Senhor, que, nos amando uns aos outros, nós também amamos ao Pai celestial, pois todos somos feitos à vossa imagem e semelhança. Sabeis que o amor é a lei universal, que governa e dirige todas as coisas e anima todos os seres.

Glorioso arcanjo Rafael, vós que sois o patrono das criaturas que amam com sinceridade, intercedei em meu favor junto ao trono do Altíssimo, vós que estais sempre presente diante do trono do Onipotente. Afastai ...(nome do homem) das más companhias, desviai-o dos caminhos da perdição, tornai-o meu amigo fiel e sincero. São Rafael, tocai-lhe o coração, iluminai-lhe a mente para que ... (nome do homem) veja nesta vossa humilde devota a criatura que lhe dará felicidade na terra e que, depois de cumprirmos a nossa missão na terra, possamos juntos, no céu, entoar louvores a Deus, a sua infinita bondade e misericórdia. Amém.

Oração para Obter e Conservar o Amor de uma Mulher

(Sinal da cruz)

Em nome do Pai, do Filho e do Espírito Santo.

Aleluia, aleluia.

Hierarquias angélicas, que habitais as esferas celestes, eu vos saúdo, implorando o vosso auxílio. Vós, que incendiais as almas com o fogo do vosso amparo universal, vinde em meu socorro.

São Rafael, sede propício à minha prece, concedei-me a graça de estar sempre dentro do coração da minha amada ... (nome da mulher). Que as minhas súplicas sejam ordens ao seu coração. Que o meu olhar seja encantador e dominador. Que as minhas palavras tenham o poder de alegrá-la. Que ela se sinta feliz em minha companhia.

São Rafael, descei do Oriente, ide ao Ocidente, trazei a luz do astro radiante, acendei os astros no céu. São Rafael, sede o meu protetor.

Rezar um Credo e um Pai-nosso.

(Sinal da cruz)

Em nome do Pai, do Filho e do Espírito Santo. Amém.

Oração por Um Moribundo

(Sinal da cruz)

Em nome do Pai, do Filho e do Espírito Santo.

Senhor Deus clemente, misericordioso e justo, que pelo vosso infinito poder extingüis as culpas das almas pelas quais morreu na cruz nosso Senhor Jesus Cristo, sede compassivo para com a alma de vosso(a) servo(a) ... (nome da pessoa), ouvi as suas palavras de arrependimento e, pelos méritos do sangue derramado por nosso Senhor Jesus Cristo, concedei-lhe o perdão dos seus pecados.

Eu te encomendo, estremecido(a) irmão(ã)... (nome da pessoa), ao Senhor Deus todo-poderoso. Volta ao teu Criador. Que a tua alma, abandonando o corpo que há de voltar ao pó de onde veio, entre na casa do Pai eterno. Que sejas recebido(a) pelos anjos, pelos apóstolos, pelos santos. Que os patriarcas, os Santos Inocentes, as virgens venham ao teu encontro. Que o arcanjo São Miguel, à frente das suas milícias, afaste do teu caminho os demônios que pretendam arrastar-te para as trevas, para o fogo do suplício eterno.

Recebei, Senhor, na morada da salvação, a alma do(a) vosso(a) servo(a) ... (nome da pessoa), contrito(a) e arrependido(a) dos seus pecados. Livrai, Senhor, a alma do(a) vosso(a) servo(a) ... (nome da pessoa) da morte eterna, assim como livrastes a Enoc e a Elias. Livrai, Senhor, a alma de vosso(a) servo(a) ... (nome da pessoa) das penas eternas, como livrastes Noé do dilúvio, Abraão da terra dos Caldeus, Jó das suas misérias, Lot do fogo de Sodoma, Moisés do faraó, Daniel da cova dos leões, São Pedro e São Paulo da prisão, São João Evangelista do caldeirão de azeite fervente.

Encomendo-vos, Senhor, a alma do(a) vosso(a) servo(a) ... (nome da pessoa). Rogo-vos, Senhor Jesus Cristo, não vos recuseis a aceitar a alma de ... (nome da pessoa) no número dos beatos que vos cantam louvores por todos os séculos dos séculos.

Maria Santíssima, Mãe de Deus vivo, suplico vossa assistência junto ao leito de morte de vosso(a) servo(a) ... (nome da pessoa), amparando-o(a), cobrindo-o(a) com o vosso manto, protegendo-o(a) dos assaltos de Satanás e das suas sortes maléficas.

Aos santos apóstolos, São Pedro, São Paulo, São João, ao bem-aventurado São José, esposo de Maria Santíssima, rogo o amparo para a alma de ... (nome da pessoa), que está prestes a abandonar este mundo e a comparecer perante a justiça e a misericórdia divinas. Sede os seus advogados, rogai ao Deus eterno e poderoso clemência para que a alma de nosso(a) irmão(ã) ... (nome da pessoa) possa gozar da bem-aventurança, por todos os séculos dos séculos.

Senhor Deus, tende piedade de ... (nome da pessoa). Senhor Deus, sede misericordioso para com... (nome da pessoa). Senhor Deus, recebei em vosso seio a alma de ... (nome da pessoa). Amém.

Rezar um Credo e três Pai-nossos.

Oração Contra Verminoses e Amarelão

(Sinal da cruz)

Em nome do Pai, do Filho e do Espírito Santo.

Deus Pai eterno, onipotente Senhor dos Anjos. Esta doença é traiçoeira mas, quem deposita confiança em Deus, não teme o demônio. Esta doença nasceu na terra, vai voltar à terra, pelo divino poder de nosso Senhor Jesus Cristo.

São Cosme e Damião curam o amarelão.

São Cosme e Damião vêm me tornar são.

Esta doença é traiçoeira, mas quem deposita fé em Deus não teme o demônio, quem acredita em São Cosme e São Damião cura-se logo do amarelão.

Rezar três Pai-nossos, três Ave-maria e um Credo.

(Sinal da cruz)

Em nome do Pai, do Filho e do Espírito Santo. Amém.

Oração a São Marcial

Contra erisipelas. Fazer cruzes sobre a parte do corpo afetada, nos momentos indicados no texto.

(Sinal da cruz)

Em nome do Pai, do Filho e do Espírito Santo.

Em nome de São Marcial, (cruz)

nem por dentro nem por fora, (cruz)

não hás de fazer nenhum mal, (cruz)

pois depressa vais embora, (cruz)

São Marcial é poderoso, (cruz)
pelos devotos ele vela, (cruz)
São Marcial é poderoso, (cruz)
Vais te acabar, erisipela, (cruz)

Rezar três Pai-nossos à Santíssima Trindade.

Oração a São Brás

Contra anginas e males da garganta. Nos momentos indicados, fazer cruzes sobre a garganta.

(Sinal da cruz)
Em nome do Pai, do Filho e do Espírito Santo.
O nosso São Brás (cruz)
sabe ser amigo, (cruz)
ele sempre traz (cruz)
a cura consigo.(cruz)
Conhece as meninas (cruz)
que sabem fiar, (cruz)
curando as anginas (cruz)
até bem sarar, (cruz)
Morando em Belém, (cruz)
seja a quem for, (cruz)
elas cosem bem (cruz)
este mal traidor, (cruz)

Terminando essa parte, segurar duas velas acesas em forma de cruz e com elas benzer novamente a garganta, continuando a oração:

Pelos méritos e pela intercessão de São Brás, livre-nos Deus deste mal de garganta.

Rezar três Pai-nossos à Santíssima Trindade.

(Sinal da cruz)

Em nome do Pai, do Filho e do Espírito Santo. Amém.

Este livro foi composto na tipologia ZapfHumnst BT, corpo 10,5 e entrelinha 12 para o texto, e Alex Antiqua Book, corpo 14 e entrelinha 18 para os títulos. A impressão foi feita no papel Offset 90g/m² para o miolo e TP-Hi Bulky 250g/m² para a capa.

Figura 3: Fachada do Santuário, em Caravaca.